EDMOND BURON

DONNEZ DES TERRES AUX SOLDATS

L'EXEMPLE DE L'ANGLETERRE

ÉDITIONS BOSSARD

43, RUE MADAME, 43

PARIS

1919

DONNEZ DES TERRES

AUX

SOLDATS

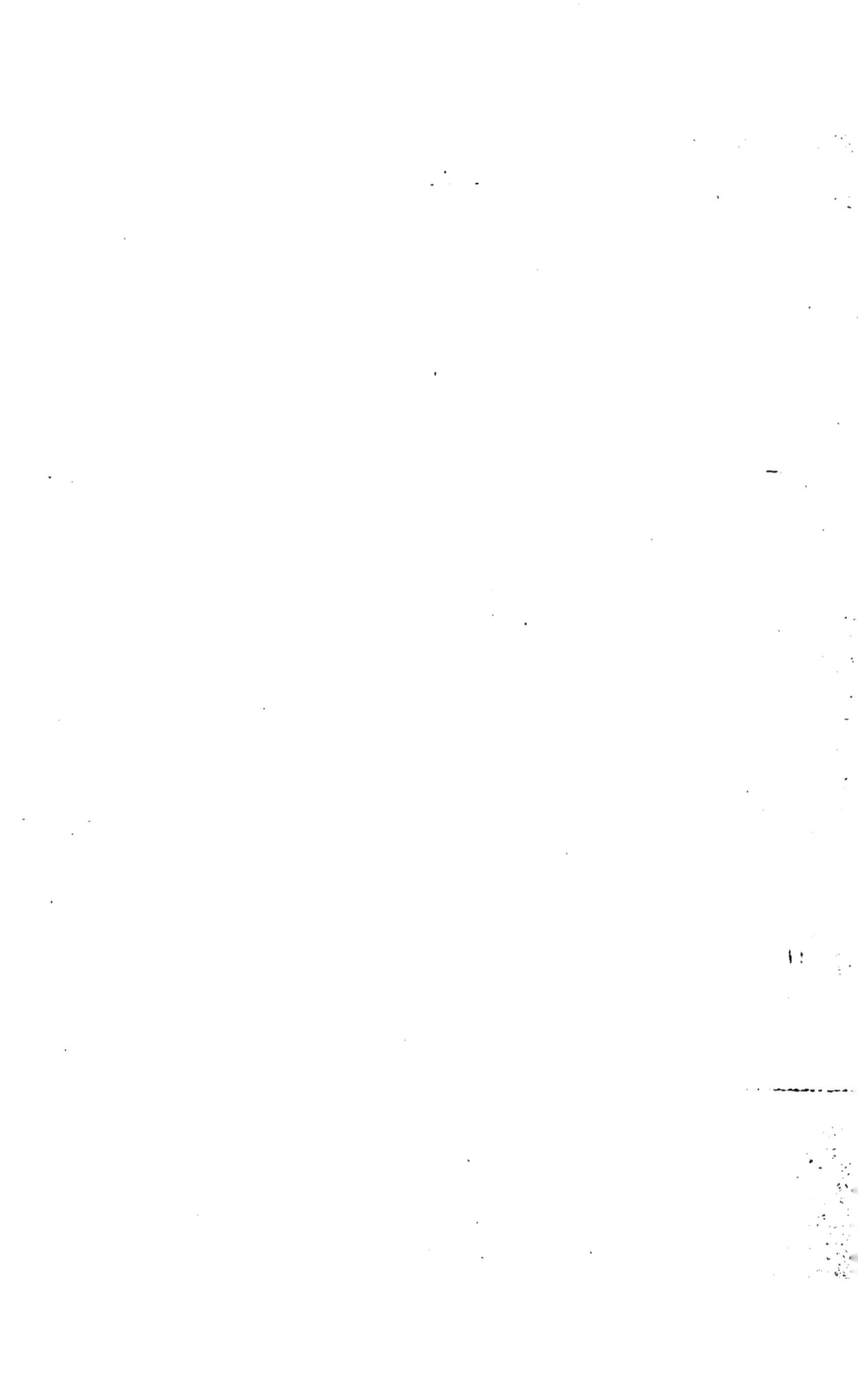

Edmond BURON

DONNEZ DES TERRES AUX SOLDATS

L'EXEMPLE DE L'ANGLETERRE

« ... nous offririons des médailles sur lesquelles on graverait une phrase rappelant
que ce sont les morts qui ont voulu que
la France fît quelque chose pour ceux qui
ont achevé leur œuvre. »

(Paroles prononcées le jour des morts (1918)
à la Sorbonne, par M. Henry Bonnet, président de l'Union des pères et des mères dont
les fils sont morts pour la Patrie.)

ÉDITIONS BOSSARD
43, RUE MADAME, 43
PARIS
1919

AVANT-PROPOS

LA TERRE QUI MEURT

*É*TANT *dans la Nièvre, j'assistai un dimanche à l'enterrement d'un soldat, mort chez ses parents des suites d'une blessure de guerre.*

Dans un village assis aux confins de l'Yonne et de la Nièvre — village de 300 habitants — huit à neuf cents personnes étaient réunies devant la maison du jeune guerrier décédé. Plus loin, aux abords d'une auberge, une centaine de véhicules divers stationnaient : charrettes, voitures anglaises, calèches, tous les modèles de la carrosserie de province s'y trouvaient assemblés.

Il en était venu de Chatel-Censoir, de Dornecy, de Chamoux, de Brèves, de Tannay.

Dans ces petits pays épars, les nouvelles se propagent mieux que dans les vingt arrondissements de Paris.

— Le garçon à Cognard, le petit André qui

était blessé... On l'a ramené chez lui à N*** ;
eh bien ! il vient de mourir. On l'enterre
dimanche.

La nouvelle secoue les mères, leur donne le
frisson ; les hommes hochent la tête.

C'est qu'on a été bien éprouvé dans nos pays.

Ainsi, à Villiers-sur-Yonne, là, à quatre kilomètres d'ici, vingt-deux jeunes gens sont morts
à la guerre. Il n'en reste plus un seul.

A Chamoux, c'est à peu près le même cas.

André Cognard était le dernier jeune homme
du pays ; j'entends de ceux qui sont partis pour
la guerre. Il reste peut-être encore cinq ou six
jeunesses qui seront bientôt en âge de partir.
Après cela, c'est tout. Voilà deux villages
éteints !

A Sardy-les-Forges, autrefois centre métallurgique gallo-romain, même solitude de
mort !

Une parente distribua à tous les assistants
de petites immortelles jaunes.

Quelques soldats, permissionnaires des pays
voisins, deux ou trois conscrits encore à la
caserne, étaient venus, de leurs frais costumes
bleus, émailler la masse grouillante du peuple
en noir.

Au cimetière, situé à l'orée du village et au pied d'un des éperons du Morvan, il se passa une scène qui me rappela, par la douleur qu'exhalaient en sanglots parents et amis, la description des obsèques d'Hippias dans le Télémaque de Fénelon : « C'est moi qui t'ai donné la mort; c'est moi qui t'ai appris à la mépriser ! »

Des gémissements, des plaintes mal articulées s'élèvent dans la foule.

Cette générale manifestation de douleur est impressionnante. L'écouter, c'est lui faire écho.

Est-ce le peuple stérile, décimé et traqué par le dieu de la mort ? est-ce la terre, jadis généreuse et féconde, aujourd'hui inculte, qui se lamentent et se révoltent ?

Hélas ! la race disparaît parce qu'il n'y a plus d'enfants et la terre meurt parce que la Loi est mauvaise.

Le Maire lut du jeune André un éloge qui arracha de toute l'assistance des sanglots mal dissimulés.

Savez-vous ce que signifie la disparition du dernier jeune homme d'un village de France ? Dans ces pays d'où partaient chaque année de bonnes jeunesses qui s'en allaient à Paris, il

ne restait plus, en *1914*, qu'une vingtaine
d'hommes en âge de porter les armes.

Le dernier s'en va ! C'est comme un glas qui
résonnerait dans l'âme de la patrie.

Voici une commune qui dans vingt ou quarante ans sera mûre pour l'explorateur, le
pionnier-colon et l'archéologue ; car la mort,
emportant aujourd'hui la dernière jeunesse,
c'est-à-dire en quelque sorte la tige de Jessé
même, aura vite fait de liquider le reste, à
savoir les vieillards et les veuves. Quant aux
jeunes filles, comme des femmes déjà mortes
pour le pays, ne s'envoleront-elles pas de ce
lieu aux premières ombres de la nuit solitaire ?

Il n'y a plus d'enfants.

Un mystérieux phylloxéra achève de dessécher
les cœurs.

En regardant les élégantes croupes des côtats
jadis couverts de pampres généreux et qui
sont aujourd'hui en friche, ombragés de bou-
quets de noisettiers, de prunelliers et de jeunes
chênes, les vieux évoquent le souvenir des
anciennes vendanges si animées et de la gloire
des crûs disparus.

Ces temps reviendront-ils jamais ?

La terre meurt, la race disparaît. Plus

d'entrain, plus d'ambition au delà d'une ou deux feuillettes de vin, de quelques doubles décalitres de blé, d'un double de haricots et de quelques volailles.

Plus d'enfants!

Un soldat américain de passage, avec qui j'échange quelques mots, me dit : Si j'avais connu ce beau pays avant la guerre, je serais venu m'y établir. Quel riche avenir on pourrait s'y faire avec un peu d'initiative et de travail!

Brave jeune homme, pensais-je en moi-même, il n'y a pas grand'chose à faire tant que les institutions, comme un manteau de plomb, couveront ce pays dans un lent travail de fossilisation. Avant que de nouveaux pionniers y puissent venir prospérer, il faudra que ce linceul soit arraché, mis en lambeaux et détruit par le feu.

Ces institutions funestes, quelles sont-elles donc?

Ce sont hélas! toutes celles qui — famille, électorat, écoles, politique, régime des successions — ont été façonnées par de petits esprits besogneux et incroyablement mesquins.

L'Américain de vingt-trois ans qui rêvait de se faire un domaine seigneurial par le travail et avec de l'initiative ne sait pas qu'il ne pourrait point trouver d'ouvriers agricoles. Il ignore autre chose : c'est qu'il ne lui serait peut-être pas possible, dans ces pays pourtant déserts, d'acheter de la terre en quantité utile. Son rêve est d'acquérir une terre : mais il n'y a que des parcelles à vendre çà et là ; de minces bandes de terre de 2, 4, 10 mètres de largeur. Désirerait-il acquérir cinquante ou cent parcelles contiguës de façon à avoir une propriété d'un seul tenant ? Il ne le pourrait pas, car il lui faudrait traiter avec autant de propriétaires différents.

Personne ne voudrait contribuer à la création d'un domaine trop beau. Et puis, les propriétaires ne sont pas tous dans le pays ; il en est à Paris qui, domestiques, marchands de vin, charbonniers, charretiers, conservent un bien en friche pour de problématiques retraites à la campagne.

On a des trésors, mais on n'y est attaché que par habitude, par réflexes. On ne peut pas les chérir pour leur valeur réelle, puisqu'ils n'ont plus d'utilité propre.

Cette situation rappelle le tableau que Duruy a fait dans son manuel d'histoire du moyen âge de l'état des campagnes à la fin de l'empire romain.

« Il y avait là du bien mais beaucoup de mal. L'homme libre n'eut plus de cœur ni pour travailler ni pour combattre. Les bras manquaient partout. La population diminuait. La vie devenait de plus en plus misérable; on renonçait à avoir une famille. Le gouvernement recourut aux barbares, et beaucoup d'empereurs en établirent des colonies considérables dans les provinces dépeuplées, ce qui était comme un commencement d'invasion [1]. »

C'était en effet le commencement de l'invasion : les barbares qu'on a appelés à coloniser ont fini par s'imposer.

⁓

Plutarque rapporte que Denis, gouverneur de Syracuse, ayant entendu dire qu'un habitant avait caché son trésor, le lui fit demander. Celui-ci lui en donna une partie et alla avec le reste acheter un héritage ailleurs.

Denis l'ayant appris, fit venir l'homme et lui

---

[1] Duruy, *Histoire du moyen âge*, p. 24. Paris, Hachette, 1882.

rendit son argent parce qu'il savait maintenant
user de la richesse et qu'en achetant de la terre
pour la cultiver, il ne rendait plus inutiles les
choses qui sont faites pour l'usage de l'homme.

Pourquoi amasse-t-on de l'argent impro-
ductif ?

Pourquoi l'argent français rapporte-il moins
que le capital étranger ?

Pourquoi le travail français ne produit-il pas
un rendement au moins égal à celui du travail
des étrangers ?

Pourquoi l'intelligence française, si féconde
et si vive, n'a-t-elle plus aucune part marquante
dans la construction de la vie ?

Voici : D'un côté les institutions (et partant
les usages) et la Loi incitent l'homme à moins
travailler, à se retrancher, à se trouver et non à
se faire une situation, à espérer des héritages
(art. 832 du Code civil), à attendre des pensions,
des retraites, à solliciter des gratifications et
des pourboires et enfin à faire des placements
de tout repos.

Notez que ces incitations au moindre effort
à la Solidarité, à la Mutualité, à la Prévoyance,
à la Fraternité, à l'Amour, sont l'essence et
l'esprit même de la Loi, précisément dans un

temps où l'on a propagé officiellement une doctrine philosophique de l'effort, de la concurrence vitale, de la sélection naturelle, du struggle for life.

D'autre part, les gouvernements ont si bien navigué dans cette antinomie pour organiser à la fois une vie de douceur et d'effort, que malgré la multiplicité des professeurs et des écoles de tout genre, notre malheureux pays est resté en arrière de tous les autres États dans la voie des progrès matériels.

Science agronomique, sciences mécaniques, applications de l'électricité, transports, colonies, finances sont autant de domaines où nous avouons notre infériorité[1].

---

(1) Un écrivain de talent, bon Français, vient, après mille autres, de pousser un cri singulièrement émouvant. M. Letailleur (Lysis), justement scandalisé des étonnantes manifestations de notre décadence, a fondé un journal *La Démocratie nouvelle*, où il commence par s'en prendre au régime. Du cinglant réquisitoire qu'il a dressé dans son numéro du 24 septembre 1918 contre ce qu'il appelle la « vieille démocratie », je veux citer ces quelques extraits :

. . . .

« 8° LE RETARD DE NOTRE PRODUCTION. — L'agriculture, le commerce, l'industrie n'ont pas progressé chez nous comme dans les autres pays. Commerce extérieur de la France : 15 milliards; de l'Allemagne, 26 milliards.

« Les rendements de notre sol étaient misérables : nous

Il n'est pas exagéré de dire que les soldats étrangers qui, au cours de cette guerre, ont vu la France de près, ont été plus apitoyés de nos conditions d'existence et de notre misère économique que de l'infortune de nos armes.

Si l'aversion pour le travail est telle chez nous qu'un jeune homme à la campagne comme

---

produisions en moyenne à l'hectare : 13,6 quintaux de blé; les Allemands, 20,6 ; 10,7 quintaux de seigle; les Allemands, 17,2 ; 13,4 quintaux d'orge; les Allemands, 20 ; 12,7 quintaux d'avoine ; les Allemands, 19,4 ; 88,1 quintaux de pommes de terre; les Allemands, 187,4 ; etc. (Statistique de 1905 à 1914.)

« 4° LA DÉCADENCE DE NOTRE MARINE MARCHANDE. — Un chiffre suffit à établir notre abaissement maritime : la flotte commerciale de la France était de 2.285.728 tonneaux, celle de l'Allemague de 4.706.027.

« 5° L'INFÉRIORITÉ DE NOS MOYENS DE COMMUNICATION. — Nos ports de mer étaient petits, mal outillés, nos voies fluviales pas aménagées. Nous n'avons entrepris ni le canal des Deux-Mers, ni le canal latéral au Rhône, ni Paris port de mer, etc. Il n'y avait même pas de voie ferrée traversant directement le centre de notre pays de l'est à l'ouest, etc.

« 6° L'ABANDON DE NOS RICHESSES. — Une partie très importante de nos ressources naturelles était inexploitée : des centaines de mines nouvelles avaient été découvertes dans notre sous-sol : l'État ne permettait pas d'y travailler. Sur huit millions de chevaux de houille blanche dont nous disposions, un dixième à peine était équipé (750.000).

« 7° LA ROUTINE DE NOS PRODUCTEURS. — On travaillait à peu près partout en France avec de vieux procédés : les cultivateurs ignoraient les machines et les engrais; les commerçants cherchaient à s'enrichir en gagnant beaucoup d'argent

*à la ville cherche à gagner dans le mariage
une sorte de pension pour la fin de ses jours,
une dot, c'est parce qu'il n'a plus la possibilité
de produire, faute de bras, de terre, d'outils,
d'argent et de liberté.*

*Les paysans voient leurs vignes improduc-
tives et ils les abandonnent.*

---

sur un petit chiffre d'affaires ; les industriels n'amélioraient
que très lentement leurs méthodes et leur matériel : indiffé-
rents au progrès, ne consultant pas les savants, aucun de nos
producteurs ne voyait grand et n'était soucieux d'étendre
son rayon d'action.

« A l'abri des droits de douane ou protégées par le pouvoir, la plupart de nos entreprises industrielles, commerciales ou financières vivaient sans effort en exploitant des
monopoles de fait. D'autre part, au lieu de s'entendre pour
lutter contre leurs rivaux du dehors, les patrons français
travaillaient dans l'isolement en se jalousant.

« 8° L'EXPORTATION DE NOS CAPITAUX. — L'argent français pas-
sait la frontière : il s'en allait tous les ans deux nouveaux
milliards de notre épargne à l'étranger. En 1914, une part
importante de notre fortune nationale, évaluée à 45 ou 50 milliards, était immobilisée dans des valeurs exotiques, alors
que nos industriels et nos commerçants ne pouvaient
étendre leurs opérations ou créer de nouvelles affaires,
faute de crédit.

« 9° LA PLAIE DU FONCTIONNARISME. — Les Français désertaient
les carrières actives pour se caser dans l'administration,
sacrifiant toute ambition au désir d'être tranquilles et de se
laisser vivre. Répondant à ce besoin, l'État politicien multi-
pliait les emplois : pour 21 millions d'habitants actifs,
hommes, femmes et enfants, on comptait près d'un million
de fonctionnaires. »

Le blé se vendait 15 francs il y a cinquante ans ; il est aujourd'hui à 75 francs. Tous s'accordent à dire que c'est un prix rémunérateur. Eh bien, malgré cela, le paysan ne veut pas augmenter ses emblavures. Pourquoi ? — Parce qu'il n'en a pas les moyens, parce qu'il ne peut pas s'acheter des machines perfectionnées, parce qu'il n'a pas assez de terre ou que sa terre est trop morcelée pour y faire un travail profitable, parce que la destruction de la propriété est imposée par la Loi (art. 826 et 832 du Code civil) ¹ et que l'homme n'a pas le droit de tester.

Nos paysans sont justement irrités quand ils voient se constituer, parfois sous leurs yeux, des propriétés entières, c'est-à-dire non morcelées, et cultivées par des méthodes nouvelles et avec un outillage nouveau. Ils ont alors le sentiment que la main de l'étranger est là, et ils crient à l'invasion.

Affligeante situation, en effet, que d'être les témoins de la prospérité des étrangers chez soi

---

(¹) D'après ces articles, chacun des co-héritiers français peut demander sa part en nature des meubles et immeubles de la succession. C'est-à-dire que, de par la loi, les terres sont partagées à chaque mutation par succession.

et de ne pouvoir même pas profiter de leur exemple.

Éternels manants, condamnés par le Code à rester petits propriétaire, il n'ont plus qu'une ressource : c'est de faire du socialisme et de restreindre la famille.

N'en est-on pas venu sérieusement à envisager la colonisation de nos provinces par des apports étrangers ? L'idée venait de M. Leroy-Beaulieu.

Demain on étudiera le problème du repeuplement de la France.

Augescunt aliae gentes, aliae minuuntur.

Il aurait été plus sage de s'en occuper avant 1914. Ce problème aujourd'hui ne peut être résolu que par des moyens extraordinaires.

PREMIÈRE PARTIE

CHAPITRE PREMIER

L'EXEMPLE DE L'ANGLETERRE

A PEINE entrés en guerre nos alliés se sont préoccupés de prévenir les maux que la catastrophe pouvait leur causer.

Avant même d'être atteints, ils ont commencé à reconstituer.

Chez nous, dans la cinquième année de la guerre, rien n'a encore été fait, je ne dis pas pour réparer les dommages et indemniser les victimes, mais pour réorganiser la partie du pays non ravagée par l'ennemi, mais appauvrie par le régime.

Nous aurons demain des millions d'hommes qui demanderont à travailler et qui ne pourront pas le faire.

Le soldat français ne voudra plus retourner

sur sa terre pour produire, en travaillant plus, un tiers de moins que l'Allemand.

Individuellement, il a montré qu'il vaut mieux que le Boche ; il demandera un gouvernement adéquat à sa valeur et à son intelligence.

De grâce, n'allez pas tracer un vaste programme de Travaux Publics et voter des milliards pour lui permettre de gagner provisoirement un salaire alimentaire[1].

Pendant ces cinq années passées, il a assez bien travaillé à la Chose publique, où il n'a gagné que sa subsistance, pour qu'il ait maintenant et la liberté et les moyens de travailler pour son intérêt personnel et pour sa famille.

Il ne s'agit pas de le nourrir dans une cantine nationale ou de le pensionner, mais de lui

---

[1] La Commission parlementaire de la Colombie britannique (Canada), chargée de préparer un rapport sur la législation à faire en faveur des soldats pour l'après-guerre, s'est élevée à l'avance contre l'idée qui avait été émise d'entreprendre de grands travaux d'intérêt général, de façon à assurer du travail aux démobilisés. Elle recommande de laisser aux provinces le soin de développer librement leurs ressources particulières avec la main-d'œuvre qu'elles attendent après la guerre. Voir le Rapport de cette Commission publié dans la brochure ayant pour sous-titre : *Service for Service*, chez W. H. Cullin, imprimeur du Roi, à Victoria, 1917.

donner une terre à cultiver — une terre culti-
vable — avec des outils, des connaissances
techniques, de l'argent et de l'ambition.

Que font nos alliés ?

Ils ont loti des terres, les ont bâties, outillées, ont créé des fermes-écoles pour leurs
soldats. Que dis-je ? Dans certaines colonies
anglaises, les soldats, agriculteurs et autres,
hommes de métiers ou d'industries, ont déjà
choisi la propriété qui leur a été préparée par
leur gouvernement. Par l'intermédiaire de
leurs parents, ils se sont fait réserver telle
ferme toute tracée, en partie mise en valeur.

Ils étaient encore dans les tranchées et ils
avaient la clef de leur propriété dans leur
poche. On verra, dans la suite de ce travail,
que ces propriétés ne sont pas qu'un jardin
ouvrier ou une collection de parcelles de terre
disséminées dans un pays, mais un domaine
d'une superficie moyenne de 65 hectares.

Du nombre déjà considérable de soldats
britanniques qui ont été, par suite de blessures
ou de maladies, retirés des armées et libérés,
des milliers sont en possession, les uns du
métier qu'ils ont voulu apprendre ou du commerce qu'ils désiraient faire, les autres de la

terre que leur gouvernement leur avait réservée.

Et l'organisation de nos alliés est telle qu'il y aura des métiers, des commerces, des places de fonctionnaires même, et de la terre pour tous les combattants !

Voilà d'assez bon socialisme.

En agissant ainsi, je ne crois pas que les Britanniques soient accusés de faire de la démagogie, ni que la bourgeoisie puisse crier à la lutte des classes.

Nos alliés n'agissent pas ainsi en politiciens, mais en politiques et en véritables hommes d'État.

Ils ont pensé à l'Angleterre d'abord, à la patrie, selon le conseil de Lucilius : *patriæ prima putare*. Et c'est dans l'idée générale qu'ils ont coordonné les intérêts particuliers.

Ils ont posé les assises d'un État économique renforcé en décidant de *recoloniser agricolement* l'Angleterre.

Les délibérations de la dernière Conférence Impériale de Londres nous ont fait entrevoir la détermination d'établir, envers et contre tout, le plus grand empire du monde.

Cimenter d'abord par les intérêts écono-

miques — matières premières, commerce, navigation, télégraphes, finances — les fractions
éparses de la nation britannique, de façon à
former l'État, l' « univers » britannique (pour
employer le terme dont se servait saint Jérôme
en parlant de l'empire romain). « Dans cet
ordre d'idées on s'appliquera à maintenir et à
développer les *industries-clefs*, c'est-à-dire
celles qui sont la base de l'existence nationale
et des autres industries, autrement dit celles
qui constituent le monopole et la suprématie[1]. »

Puis, cette Société des Nations britanniques
bien constituée et viable, consolider les murs
de la cité métropole (l'Angleterre) en recréant
les activités agronomiques qui s'étaient relâ-
chées ; tel est l'objet de la *recolonisation agricole* qu'on a commencé de mettre en exécution.

Enfin, l'Empire, puis l'État étant refaits,
assurer le bonheur des familles et des individus, dans ce cadre général, en les établissant réellement sur des terres, des « biens » de

---

(1) Discours de Sir Albert Stanley, Ministre du Commerce,
prononcé au Saddlers Hall le 2 octobre 1918, publié dans le
Times du 3 octobre.

famille, des *homesteads*, des *Bauernhof*, avec la liberté de tester, comme dans les pays libres[1].

Il faut commencer par voir grand.

L'architecte, qui veut bâtir un pont doit, avant tout, embrasser du regard les deux rives à relier.

Il faut aussi assurer la continuité de la vue : celui qui, s'élançant du côté d'un fossé, veut sauter sur l'autre côté, ne doit pas perdre en route la vue du point d'arrivée.

Malheureusement, l'État français, comme il est constitué, ne réunit pas ces deux conditions primordiales d'un gouvernement. M. Jules Roche, ancien ministre, vient d'affirmer, après mille autres bons esprits, que nous sommes dans un régime d'anarchie[2]. Le tableau que ce républicain fait du régime inspire une horreur indicible ; le désordre qu'il étale aux yeux jette les esprits à fond dans le malaise et le pessimisme.

Quoi qu'il en soit, le régime actuel n'a pas

---

(1) Troplong dans son *Traité des donations* dit : « Un peuple, s'il n'est pas libre, n'a pas le droit de tester. La liberté du testament est la plus grande preuve de la liberté civile. »

(2) Jules Roche, *Sommes-nous en république ?* Paris, Payot, 1918.

une minute à perdre. Qu'il abolisse donc dans son cœur les attaches honteuses qui le retiennent encore aux formules d'un jour et aux fausses divinités. Qu'il réforme donc une fois ses mœurs déraisonnables et ses lois arriérées et maussades ; qu'il rase donc courageusement ces barrières, cet inextricable réseau de fils de fer barbelés qui l'enclosent dans l'inaction, la paresse et l'ignorance.

Si, dans notre absurde démocratie, la raison des gouvernants les porte uniquement vers les individus, qu'ils trouvent donc le point de jonction nécessaire entre l'intérêt particulier et l'intérêt général ! C'est chose si facile.

Alors que les États qui composent l'Empire britannique sont effectivement organisés et réellement libres, que, par conséquent, ils ont chacun une propension naturelle à développer leur autonomie comme leur *particularisme* respectifs, on les a vus néanmoins trouver, en 1914, ce point de jonction inéluctable où César réconcilie Crassus et Pompée.

Après avoir sauvé la chose publique, le Royaume-Uni, le Canada, l'Australie, la Nouvelle Zélande, etc., ce monstrueux Pandemonium, qui « couvre un quart de la surface

solide du globe¹ », est entré, dès 1916, dans
une phase nouvelle. Conscients de la précarité
des petites républiques, ces États ont résolu de
faire converger toute leur activité à la fois vers
le développement de leur pays et l'accroissement de la puissance impériale, de leur univers britannique.

« Il faut peupler les terres britanniques
d'Anglais !... Le sang est plus consistant que
l'eau... Il faut libérer le Royaume-Uni de toute
dépendance économique... L'Empire Britannique achète encore pour sept milliards de produits du sol étranger ; il faut que l'Empire
Britannique puisse se passer de l'étranger ! »

Voilà pour la Société des Nations.

(¹) Expression consacrée par le *Royal Colonial Institute* de
Londres dans son appel en faveur de la colonisation des
terres vacantes du Royaume-Uni, feuille 8.

CHAPITRE II

LE COMITÉ
POUR LA COLONISATION DE L'EMPIRE
ET LE
PLACEMENT RURAL APRÈS LA GUERRE

Dès le mois de mars 1915, un Comité se forme qui s'intitule : « Comité du *Royal Colonial Institute* pour la colonisation de l'Empire et le placement rural après la guerre. »

Ce Comité anglo-colonial est reçu, le 22 juillet, par le Ministre des Colonies, le très honorable A. Bonar Law, et le Ministre de l'Agriculture, le comte de Selborne.

Lord Sydenham, membre de la délégation, demande au gouvernement anglais d'intensifier le travail du Comité officiel déjà créé au Ministère de l'Agriculture pour la colonisation du Royaume-Uni, et d'assurer une sorte de collaboration effective entre les gouvernements Impérial et Coloniaux.

M. Christopher Turnor réclame, lui, la réforme des méthodes coloniales, l'accélération du travail colonial en Angleterre, d'abord, aux colonies ensuite.

L'honorable sir John Taverner propose l'envoi de sir Rider Haggard en tournée dans les colonies avec mission de s'enquérir de ce que les colonies sont disposées à accorder aux militaires britanniques libérés de la guerre, et des moyens que les gouvernements coloniaux pourraient suggérer pour la bonne collaboration Impériale.

Sir Rider Haggard, prenant à son tour la parole, exhorte les ministres à faire en sorte que, la guerre finissant brusquement, on ne soit pas embarrassé des soldats libérés et qu'on soit en mesure d'accomplir de grandes choses dans l'intérêt des soldats et de l'Empire.

L'honorable J. G. Jenkins entre dans des considérations pratiques. Il dit aux ministres l'expérience acquise par lui-même en Australie, au temps où il en était Premier Ministre. Les déclarations de ce délégué sont intéressantes.

Là-bas, dans certains des États de l'Austra-

lasie, les gouvernements rachètent des terres
pour les repeupler; autrement dit, ils pratiquent
l'expropriation avec sagacité et profit. « Dans
l'Australie du Sud, par exemple, dit M. Jenkins,
nous avons affecté plusieurs millions de livres
sterlings au rachat de terres que nous reven-
dions aux colons. Je me souviens d'un district,
notamment, que nous avons racheté. Cette région n'était habitée que par quatre familles.
Aujourd'hui, il y a de 50 à 100 familles établies
dans ce district. Toutes ces familles se sont
créé une existence prospère; ce qui représente
l'établissement d'environ 1.000 habitants. »

M. Jenkins parle ensuite du mode de colonisation sur petites propriétés pour ouvriers
agricoles, système qui a eu un succès considérable. Des milliers de colons, ainsi établis sur
de petites propriétés, y élèvent leurs familles
confortablement.

A son tour, M. G. Mc Laren Brown fournit sa
part de conseils : « Dans une entreprise de si
grande conséquence pour l'Empire, dit-il,
j'estime qu'il ne faut pas laisser faire toute la
propagande coloniale par les seules compagnies de navigation et les organisations privées.
Il faut que l'État s'en mêle. Il faut coloniser

avec des hommes de notre race... Je suggère, à mon tour, l'institution d'une organisation Impériale, où la collaboration de tous les gouvernements intéressés sera assurée. »

Enfin, M. Bonar Law prend la parole pour affirmer à la délégation que cette question retiendra l'attention du Gouvernement. Il sait très bien que les Colonies désireront attirer les colons plus que jamais après la guerre ; mais, d'un autre côté, il ne doit pas perdre de vue la nécessité où sera le Royaume-Uni de retenir dans la Métropole le plus de monde possible pour les tâches de demain. Il assure la délégation que le Comité officiel du Ministère de l'Agriculture s'occupe activement de tous ces problèmes, au double point de vue de l'Empire et des Dominions[1].

Quelques mois après cette réunion, sir Rider Haggard partait en mission à travers les diverses colonies anglaises.

On verra plus loin quels furent les résultats pratiques de cette tournée.

---

(1) Le procès-verbal de cette réunion a été publié en annexe dans *The provision of employment for members of the Canadian Expeditionary Force on their return to Canada*, pp. 14-21. Ottawa, chez J. de L.-Taché, imprimeur du Roi, 1918.

CHAPITRE III

LA COLONISATION AGRICOLE
DE L'ANGLETERRE PAR LES SOLDATS

Le Comité officiel pour la colonisation de l'Angleterre, créé par lord Selborne au Ministère de l'Agriculture, a publié un Rapport qui a reçu l'approbation de tous les patriotes anglais. Ce rapport prélude, pour l'Angleterre, à « une révolution considérable », selon l'expression de son éditeur[1].

A la suite de cette étude, on s'est mis à l'œuvre.

Ce document a nettement déterminé deux tendances :

1° Créer en Angleterre une population agri-

_____

[1] *British Agriculture the nation's opportunity* being the Minority Report of the Departmental Committee on the Employment of Sailors and Soldiers on the land... préface de M. A. D. Hall., p. v. Londres, John Murray, 1917.

cole débordante (*to create an overflowing agricultural population in the United Kingdom*), dont l'excédent devra être dirigé vers les colonies anglaises[1] ;

2° Organiser une Commission ou Bureau officiel de Conservation Impériale ayant un caractère consultatif avec des pouvoirs administratifs propres, afin de coordonner et contrôler le travail des diverses sociétés coloniales privées. Cette Commission devra se composer en partie de représentants officiels des Dominions.

En attendant cette organisation Impériale, l'Angleterre a commencé, pour son compte, sa propre colonisation.

Dès 1915, les autorités faisaient distribuer aux soldats, dans les tranchées, des questionnaires tout à fait suggestifs :

1° Désirez-vous vous établir sur la terre, après la guerre ?

Dans le Royaume-Uni ?

---

(1) Voir *Need for Imperial Conservation and Development Board*, feuille n° 2 de l'*Empire Land Settlement Committee*, publiée par le Royal Colonial Institute, chez W. H. Smith and Son, imprimeurs, Arden Press, Stamford Street, Londres S. E.

Dans les Dominions, au delà des mers ?
Désignez le pays.

. . . .

3° Désirez-vous profiter des organisations projetées de colonisation agricole assistée ?

4° Êtes-vous marié ?..... Célibataire ?.....

Si vous êtes marié, dites l'âge de vos fils et de vos filles.

. . . .

7° Avez-vous un métier ou une profession ? Lequel ?

8° Si vous possédez quelque expérience de la vie agricole, dites où vous l'avez acquise ?

On a remarqué qu'après la guerre du Transvaal, plus de 200.000 Anglais ont émigré à l'étranger. On veut éviter pareil exode, ou, du moins, en canaliser le courant vers des points stratégiques.

En vue de réparer les dommages que la guerre aura causés aux individus comme aux États de l'Empire, le Ministère de l'Agriculture anglais veut prendre les devants. Il recolonisera l'Angleterre afin de mettre le pays en état de se suffire à lui-même en temps de crise, et il associe les Colonies à cette œuvre de régénération.

C'est pourquoi les Colonies offrent aux soldats britanniques des avantages tels, que ceux qui préféreront s'expatrier ne soient pas tentés d'aller à l'étranger, mais seront attirés, au contraire, dans des terres de l'Empire, et l'Empire tout entier en profitera.

Ainsi, dans leur exil volontaire, ces colons seront, comme les premiers chrétiens, « les témoins de leur Maître en Judée, en Samarie et jusqu'au bout du monde ».

Les Anglais n'ont jamais craint de s'expatrier ; et c'est parce qu'ils portent leur patrie avec eux qu'ils possèdent aujourd'hui « un quart de la surface solide du globe ». *Cœlum non animum mutant qui mare transeunt*[1].

---

[1] Il en est paru dans la presse anglaise, au début de 1916, une illustration sensationnelle.

Un groupe d'une trentaine d'ouvriers anglais expatriés aux États-Unis adressa une lettre ouverte à Lord Milner pour contredire une affirmation du célèbre homme d'État anglais, qui avait dit que l'ouvrier, en général, se désintéressait des questions impériales. Les signataires de cette lettre, M. W. C. Anderson en tête, déplorent que l'Empire ne soit encore qu'un mot et qu'il n'a que la valeur d'un sentiment : « Qu'est l'Empire britannique pour nous ? Absolument rien : un sentiment, rien de plus. Cependant, nos affections sont britanniques, nos sympathies sont britanniques. Cela ne suffit pas. Il faut que cet Empire soit quelque chose de tangible, qu'il soit une réalité. Le sentiment ne vaut rien.... »

M. Anderson trace tout un programme d'Empire ; il en ré-

Leur attachement ne sera-t-il pas singulièrement renforcé si, en arrivant dans les terres
lointaines, ils retrouvent la main bienveillante
et tutélaire de la mère-patrie?

C'est ce à quoi précisément le gouvernement
anglais s'occupe.

Il veut faire de la Grande-Bretagne un pays
agricole, dans la mesure du possible; puis
étendre, pour la suffisance propre de tout
l'Empire, cette agriculture nationale dans ses
colonies.

Y réussira-t-il? Il est permis de le croire.
Car ici, on a affaire à des gens qui ont pour

clame l'exécution sans tarder : « Si la guerre devait se ter-
miner d'ici un an, dit-il, et que trois millions d'hommes
fussent brusquement libérés, nous nous trouverions dans un
chaos. Il faut confier à des experts l'organisation de l'Empire ; et cette entreprise doit être si bien conduite qu'au moment de la démobilisation, les hommes puissent être attirés
automatiquement dans les différentes parties de l'Empire
afin qu'ils se mettent aussitôt à l'œuvre : construction de
villes et de chemins de fer, développement de l'agriculture
et de l'irrigation, exploitation des mines et des industries
manufacturières. Ces diverses richesses ainsi mises en valeur
doivent appartenir à la nation... »

La lettre porte en tête : 2 Read Park, Quincy, *Massachus-
sets* (États-Unis) le 18 décembre 1918. Cette lettre a été reproduite par le *Comité de colonisation de l'Empire*, sous les auspices du Royal Colonial Institute, feuille 7, chez W. H. Smith
and Son, imprimeurs, Arden Press, Stamford Street, Londres
S. E.

règle d'action cette maxime : *where there is a will there is a way* (quand il y a volonté, il y a moyen).

Quoi qu'il en soit, des millions d'hectares ont été ensemencés en 1917 et 1918. Ces cultures n'ont, il est vrai, qu'un caractère provisoire ; elles sont faites pour assurer l'alimentation du pays malgré les sous-marins. Mais ce provisoire, qui représente déjà une assez jolie réalisation, pourrait bien durer.

En tout cas, avec l'organisation qui s'élabore pour la recolonisation agricole du Royaume-Uni, s'ouvre une ère nouvelle.

Nous serons certainement témoins de plusieurs changements que la guerre apportera dans notre vieux monde. Les uns seront imposés par la fatalité, les autres forgés par la volonté.

La transformation économique de l'Empire britannique ne fera peut-être pas un de nos moindres étonnements.

CHAPITRE IV

DES TERRES POUR LES COMBATTANTS ANGLAIS

Pour donner à cette transformation économique un caractère de permanence,
les Anglais ont décidé de créer à l'inté-
rieur même du Royaume-Uni des colonies agricoles pour les soldats de cette guerre.

C'est tout à fait dans la tradition anglaise de
récompenser les combattants comme c'en était
l'habitude chez nous sous les Rois.

De tous temps, les Anglais ont octroyé aux
officiers et aux soldats des beaux domaines.
Qu'il suffise de rappeler les donations faites
aux officiers et aux soldats après la guerre de
sept ans. Le traité de Paris venait d'être signé
le 10 février 1763. Le roi George lance aussitôt une proclamation enjoignant aux Gouver-
neurs des nouvelles colonies de concéder
immédiatement :

A chaque officier supérieur. . 5.000 acres de terre
A chaque capitaine.. . . . . . 3.000 —
A chaque officier-subalterne. . 2.000 —
A chaque sous-officier. . . . . 200 —
A chaque soldat. . . . . . . 50 —

Des concessions devaient être faites également dans les mêmes proportions aux marins ayant servi dans la guerre[1].

En général, les Rois ne marchandent pas leur reconnaissance aux bons serviteurs. C'est le cas des souverains anglais.

Nous verrons après la guerre ce que le Parlement anglais fera pour ses grands capitaines[2].

Voyons ce qu'il prépare actuellement pour les combattants. Les pouvoirs publics font déjà, dans différentes localités, des réserves de terres destinées à être distribuées ou vendues à des prix très modiques aux soldats qui en voudront avoir. Ces terres récompenseront ceux qui au-

---

(1) Cette Proclamation est reproduite dans les *Documents relating to the constitutional history of Canada (1759-1791)*, par Adam Shortt et Arthur G. Doughty, pp. 110-123. Ottawa, chez l'Imprimeur du Roi, 1907.
(2) Voir plus loin la note p. 188.

ront « noblement accompli leur devoir en sauvant la patrie à l'heure du danger[1] ».

L'économie de ce plan se résume ainsi : Acquisition par l'État des terres qui viennent occasionnellement sur le marché ; subdivision, puis construction des habitations sur chaque lot ; établissement de fermes-écoles pour l'apprentissage des colons ; création de magasins d'approvisionnement en outillage, semences, bestiaux, etc., pour la commodité des nouveaux agriculteurs et création de marchés pour l'écoulement des produits.

A l'heure actuelle, quatre colonies officielles (*State Colonies*) sont déjà en plein fonctionnement. On les appelle des colonies « pionnières », c'est-à-dire de principe ou d'essai.

C'est à la suite du Rapport du Comité officiel paru en janvier 1916 que le Parlement a adopté, le 23 août suivant, « l'Acte des colonies de petites propriétés ». Par ce bill, l'Angleterre consacrait le principe de la recolonisation agricole du Royaume-Uni : il organisait des colonies

---

(1) *Land Settlement in the United Kingdom*, feuille n° 8 du Comité de Colonisation de l'Empire, publiée par le Royal Colonial Institute, p. 8, chez W. H. Smith and Son, imprimeurs, Arden Press, Stamford Street, Londres S. E.

en participation. Les quatre premiers établissements sont : la *Crown colony* à Patrington, la *Holbeach colony*, dans le Lincolnshire, la *Heath Hill colony* près de Newport et la *Pembrey colony*, à Pembrey[1].

Une deuxième loi a été votée le 30 juillet 1918 pour décupler la superficie des colonies primitivement fixée. Enfin une proposition de loi a été déposée au Parlement anglais, au début de novembre 1918, pour l'établissement des soldats anglais sur les terres, par l'intermédiaire des Conseils de Comté, conformément au vœu formulé par le Rapport du Comité officiel. Mais ce projet a été retiré. M. Lloyd George, qui procédait aux élections, voulut faire sanctionner par les électeurs son vaste programme[2].

Les élections anglaises ont eu lieu. La poli-

---

[1] On consultera sur la législation anglaise des *State Colonies* : le Rapport annuel sur l'application de la loi des colonies de petites propriétés pour 1917 au H. M. Stationary Office, Londres ; l'exposé du *Plan de l'établissement sur les terres des soldats libérés*, publié par le Board of Agriculture and Fisheries, juin 1918.

[2] Voir le discours de M. Lloyd George publié dans le *Daily Mail* (de Paris), 6 décembre 1918.

tique de M. Lloyd George a triomphé et une majorité écrasante est acquise au bloc de la coalition.

Les résultats de ces élections étaient à peine connus que le Gouvernement anglais arrêtait son projet de recolonisation et de distribution de terres aux soldats.

Résumons brièvement l'économie de ce projet de loi, d'après le correspondant parlementaire du *Daily Mail* (édition parisienne, 14 janvier 1919). Le projet est l'œuvre des Ministères de la Reconstruction et de l'Agriculture. D'importants crédits sont promis par le Ministère des Finances.

L'État rachètera les terres à distribuer : il en achètera d'autorité et il en réquisitionnera. Les réquisitions se paieront par une rente ou annuité que le titulaire pourra négocier; ces rentes ou annuités pourront être rachetées par voie d'échange contre des titres des fonds consolidés. Le choix des terres sera confié au Comité des Petites Propriétés (*Small Holdings Committee*). Les anciens combattants peuvent aussi s'adresser aux Conseils de Comtés à qui incombera le soin d'acquérir les terres demandées. On devra trouver ces terres, autant que possible, dans le voisinage immédiat du domicile du candidat.

L'enseignement et l'apprentissage de l'agriculture préalable se feront ainsi que le Comité l'avait recommandé : chez le fermier, dans les colonies d'État, dans les collèges d'agriculture et dans les fermes-écoles.

Les Conseils de Comté devront assurer le logement des candidats.

En outre, des dispositions spéciales sont prévues pour l'institution du crédit mutuel agricole, pour les avances d'argent aux tenanciers, l'achat de l'outillage nécessaire, la reconstruction des villages et l'encouragement des industries rurales.

Les terres seront concédées aux anciens combattants, moyennant une rente annuelle minima amortissable.

M. Lloyd George serait partisan de l'établissement des colonies sur une grande échelle. On lui prête le désir de faire construire par l'État 100.000 cottages ruraux pour aider à la renaissance agricole de l'Angleterre[1].

---

(1) Voir dans *After-war problems* le chapitre consacré à la question de la terre par le député Joynson-Hicks. Ce volume

Ceux qui réclament cette transformation économique apportent un argument qui sera d'un effet décisif : puisque l'Angleterre, disent, ils, a construit 43.000 cottages pour l'établissement de 400.000 Irlandais dans les dernières vingt années et que, de ce fait, onze millions d'acres de terre ont été livrés à l'agriculture, l'Angleterre ne doit pas faire moins pour le Royaume-Uni.

Outre les immenses domaines arables qui restent incultes, il y a dans ce pays douze millions d'acres de pâturages pauvres qui, s'ils étaient cultivés, produiraient d'énormes quantités de blé et de bœuf[1].

Le Rapport du Comité recommandait, outre l'institution des *State Colonies*, la création de colonies de militaires par l'initiative des Conseils de Comtés et il demandait que la loi des petites propriétés de 1908 fut amendée dans ce sens[2].

---

a paru chez Geo. Allen et Unwin ltd., Ruskin House, 40, Museum st. Londres W. C. 1.

(1) Voir *After-war problems*, déjà cité, p. 187.

(2) Voir *British agriculture, the nation's opportunity* (Rapport de la minorité du Comité départemental), par A. D. Hall, pp. 106-114, publié chez John Murray, à Londres, Albemarle St. 1917.

Dans le comté de Yorkshire, 2.300.000 acres[1] de terre seraient mis à la disposition des colons par les soins du Ministère de l'Agriculture ; le terrain est divisé en lots ; des habitations sont construites sur chaque lot et des fermes-écoles fonctionnent où les militaires réformés font l'apprentissage de la culture intensive[2].

D'autre part, Lord Sydenham, président du Comité pour la colonisation de l'Empire, qu'il ne faut pas confondre avec le Comité départemental ou officiel, a fait approuver, par le Ministre de l'Agriculture, le 12 mars 1918, la méthode et le plan conçus par son Comité pour la recolonisation de l'Angleterre[3].

Le plan envisage d'abord l'instruction agricole des officiers libérés de la guerre qui se destinent à l'agriculture.

On espère qu'une organisation semblable pourra être faite en faveur des sous-officiers et soldats et des marins.

On compte qu'il se trouvera dans chaque

---

[1] L'acre vaut 40 ares.

[2] Voir *Daily Mail*, édition parisienne, 19 août 1917.

[3] Voir *A training system in mixed farming for officers of both Army and Navy after the war*, feuille 13, publiée sous les auspices du Royal Colonial Institute, chez W. H. Smith and Son, imprimeurs, Arden Press, Stamford Street, Londres S. E. 1918.

comté un certain nombre de gentilshommes de
la campagne, des fermiers et des propriétaires
d'exploitations agricoles dites « commerciales »
disposés par des motifs de patriotisme et de
bonne volonté Impériale (*Imperial good-will*)
à prêter assistance aux officiers des régiments
originaires de leur localité qui seraient désireux de s'établir sur la terre et disposés à
suivre un cours d'instruction préparatoire
d'une année.

Ces aspirants-colons devront servir comme
simples ouvriers agricoles sous la direction
de chefs d'exploitations compétents.

On engagerait tous les officiers qui se destinent à la terre à faire leur instruction préparatoire en Angleterre même, quitte pour ceux
qui, dans la suite, voudraient s'établir dans les
colonies, à achever plus tard leur apprentissage dans le lieu même de leur destination.

De cette façon, on obvierait aux difficultés de
transport qui, à la conclusion de la paix, entra-
veront fatalement l'exode en masse vers les
colonies. Par ce moyen, on retiendra dans la
métropole beaucoup de bons ouvriers qui, tout
en différant leur départ, ne perdront pas leur
temps.

Les matières d'enseignement sont prévues avec autant de compétence que de sage précision :

CULTURE PRATIQUE : rotation des cultures, soin des chevaux, des bestiaux.

Industries laitières; élevage des volailles; défrichement; entretien des bois; industries forestières ; *assèchement;* construction des routes; haies et fossés; clôturage; soin des bâtiments; *mécanique agricole.*

THÉORIE : comptabilité agricole, systèmes de culture ; engrais; études du sol; statistiques laitières.

Il est prévu, en outre, un cours élémentaire d'instruction dans les collèges d'agriculture, de 3, 6, 9 ou 12 mois, moyennant 250 francs par an.

Les enseignements pratique et théorique doivent se donner simultanément.

Après un essai de quatorze jours, l'élève agréé par le fermier comme étudiant ouvrier agricole, recevra un salaire proportionnel au travail donné.

Un système de billets de logement est également prévu pour l'hébergement des étudiants dans chaque localité.

Enfin, pour les aspirants-colons de l'Angleterre même, on prévoit l'organisation de l'enseignement prolongé, autrement dit post-scolaire, c'est-à-dire après l'installation des hommes sur leurs terres. Quant aux conditions auxquelles les terres seront concédées en Angleterre, rien ne semble être défini. Mais il est probable que le Gouvernement anglais ne se montrera pas moins généreux envers les Anglais qu'envers les Irlandais.

Dans les colonies d'essai, récemment créées, le gouvernement cède le terrain moyennant une rente modérée.

Des crédits à long terme sont accordés pour le paiement des instruments agricoles, bestiaux, semences, etc.

Chaque colon a son cottage particulier.

Le Comité officiel près du Ministère de l'Agriculture procède à une enquête; il s'informe; il demande conseil. Sa décision est prise. Il ne généralisera pas l'institution des *State colonies*, mais il organisera la colonisation par l'intermédiaire des Conseils de Comtés.

L'action bien concertée du Gouvernement pour la colonisation du sol anglais même sera d'autant plus puissante que les Colonies font de véritables largesses et qu'en agissant ainsi, elles menacent de provoquer un exode général de la population agricole anglaise hors de la métropole. Or, nous l'avons vu par la déclaration de M. Bonar Law, c'est ce que le Gouvernement anglais veut éviter à tout prix[1].

_____

(1) Voir plus haut, p. 30.

CHAPITRE V

LES BRITANNIQUES ESSAIMERONT
DANS L'EMPIRE

LE 1er février 1916, un dîner d'adieu était offert à l'hôtel Cecil, à Londres, à l'occasion du départ de Sir Rider Haggard pour un voyage de six mois dans les colonies anglaises.

L'origine de ce voyage d'enquête remonte au 22 juillet 1915[1].

Sir Rider Haggard, romancier de haute réputation, a voué une grande partie de son énergie et de son talent à la propagande impérialiste. Homme d'un grand sens pratique et d'une foi ardente en la grandeur de sa patrie, il a été chargé, à diverses époques, d'importantes missions dans les colonies anglaises, missions qu'il a accomplies avec un zèle et une

---

[1] Voir plus haut, pp. 27-30.

application telle qu'on lui donne aujourd'hui le titre de *Empire builder* (constructeur d'Empire)[1].

Nul n'était plus apte que lui à parcourir les Colonies pour le *Royal Colonial Institute*, afin de s'enquérir de ce que les gouvernements de ces grands et riches Dominions étaient disposés à faire « pour la colonisation par des hommes de race anglaise de leurs vastes terres inoccupées, dans le but d'accroître la force et la sécurité de l'Empire[2] ».

En moins de six mois, ce fervent « missionnaire », cet « apôtre »[3] de l'impérialisme britannique avait parcouru les possessions anglaises de l'Afrique, de l'Amérique et de l'Australie et rapporté, non pas des promesses ni des résolutions enthousiastes adoptées dans des dîners officiels, mais des réalités.

(¹) Discours prononcé par Lord Curzon au banquet de l'Hôtel Cecil, reproduit dans *The After-war Settlement and Employment of ex-service men in the overseas Dominions* (Rapport de Sir Rider Haggard au Royal Colonial Institute), publié par la Saint Catherine Press, Stamford Street, Londres S. E.

(²) Texte de la dépêche d'adieu que le comte Grey adressait à Sir Rider Haggard la veille de son départ. *Id.*, pp. 3-4.

(³) Expressions dont s'est servi Lord d'Abernon dans l'allocution qu'il a prononcée à ce banquet. *Id.*, p. 46.

Son rapport au *Royal Colonial Institute* du 7 août 1916 en témoigne hautement. Ces réalités, ce sont les assurances formelles données par les Ministres responsables dans chacune des grandes colonies anglaises; presque toujours, ces assurances étaient données par écrit.

Les gouvernements du Canada, de l'Australie, de la Nouvelle-Zélande ont tenu parole.

En avril 1917, le Canada a adopté la loi dite de « l'établissement des soldats sur la terre » par laquelle, ainsi qu'on le verra plus loin, chaque militaire a droit à une concession gratuite de terre minima de 65 hectares et à une avance de 12.500 francs à des conditions avantageuses; les gouvernements provinciaux ont, de leur côté, offert des avantages complémentaires aux militaires libérés de la grande guerre qui deviendront concessionnaires de terres de la Couronne ou de terrains à prendre sur les réserves spéciales.

La Nouvelle-Zélande avait adopté, avant même l'appel de Sir Rider Haggard, une loi pour l'établissement sur la terre des militaires anglais libérés[1].

_____

(1) Lois des 11 octobre 1915, 8 juillet 1916 et 31 octobre 1917.

Le Queensland a adopté une loi similaire le 15 février 1917.

L'État de Victoria fit de même le 22 octobre 1917.

L'Australie du Sud, comme l'Australie occidentale, ont déjà commencé la répartition des terres, en vertu de lois spéciales adoptées vers la même époque, ainsi que la Tasmanie.

La Rhodésie a mis un domaine magnifique de 500.000 acres (200.000 hectares) de terre à la disposition des réformés anglais de la guerre à des conditions avantageuses et pratiques, ainsi qu'il est exposé plus loin.

A l'heure actuelle, ceux des militaires libérés des armées de l'Empire britannique qui l'ont désiré sont entrés en possession des récompenses qui leur avaient été promises. Plusieurs milliers de colons sont à la tête d'exploitations agricoles bien choisies dans des régions fertiles, préalablement mises en valeur par les soins d'autorités tutélaires ; les veuves de soldats morts à la guerre sont elles-mêmes conviées à ces libéralités sous certaines conditions d'aptitude posées par les gouvernements soucieux de faire des présents utiles.

Certaines de ces colonies ont même poussé

la générosité jusqu'à offrir ces terres à tous les
militaires des armées alliées (Anglais, Français, Italiens, etc.) aux mêmes conditions
qu'aux enfants de leurs propres pays. Tels sont
le Canada et le Queensland.

Ainsi, pour parer aux dangers de l'avenir,
mais aussi pour réparer les dommages de la
guerre et « accroître à la fois la force et la
sécurité de l'Empire », nos alliés s'attellent à
des tâches « fastidieuses », entreprennent des
travaux pénibles, tels que le commerce, la
conquête des marchés du monde, l'agriculture,
la mise en valeur de vastes territoires inoccu-
pés, le peuplement de leurs colonies et la
création toujours plus audacieuse de lignes
télégraphiques, afin « d'en arriver à pouvoir
même câbler ses lettres » au lieu de les
écrire[1].

Les Anglais savent le charme des rêveries
de l'imagination, mais ils ne s'en intoxiquent
pas. Leur imagination ne vagabonde pas pour
se pervertir dans de nuageuses conceptions, ni

---

[1] Discours de Sir Rider Haggard au banquet du 1ᵉʳ février 1910, reproduit dans *After-war Settlement*, etc., déjà
cité, p. 18.

dans de problématiques empyrées sociaux. *Have you noticed in life that most things which are vital are rather dull ?* disait le « missionnaire » du *Royal Colonial Institute* dans le discours déjà cité : *N'avez-vous pas remarqué que dans la vie les actions les plus vitales sont généralement les plus rebutantes à accomplir ?*

J'ai sous les yeux une grande affiche canadienne imprimée en noir et rouge.

En tête, les armes et la devise : *Dieu et mon Droit : Honni soit qui mal y pense.*

Le titre général : *Ce que tout soldat canadien mutilé doit savoir.*

Les premiers mots : *qu'il n'y a pas dans son vocabulaire le mot « impossible ».*

Cette affiche, destinée à être exposée sur tous les murs, porte à la connaissance des soldats mutilés que la nation veut refaire leur situation à tous, à condition que chacun s'aide soi-même ; qu'elle leur donne bras et jambes artificiels gratuitement ; qu'elle leur alloue de libérales indemnités jusqu'au jour où, rééduqués et en possession d'une terre mise convenablement en valeur ou d'un métier lucratif, ils pourront « satisfaire leur naturelle ambition de gagner une existence heureuse ».

L'affiche répète encore plus loin que « sa puissance de volonté et sa détermination assureront à chaque soldat réformé un succès complet dans son apprentissage d'un nouveau métier ou d'une nouvelle profession et dans la poursuite ultérieure de sa carrière nouvelle ».

C'est non seulement en stimulant les sentiments égoïstes et individuels que les Anglais bâtissent des empires maritimes, coloniaux, commerciaux, financiers, industriels, miniers, etc., à travers le monde, mais en semant dans les intelligences et dans les cœurs des principes de conduite, de discipline, d'intérêt général et des idées de grandeur, d'indépendance, de haute seigneurie individuelle et collective et de suprématie nationale.

Telle est la part que Sir Rider Haggard attribue à l'imagination dans le travail pratique de l'édification des empires[1].

Cette imagination-là qui réflète si exactement les conditions premières de la raison et de la vie est comprise de tout homme de sens droit.

---

(1) Discours déjà cité et publié dans *After-War Settlement*, etc., p. 47.

Sir Rider Haggard a eu le plaisir de satisfaire la curiosité en même temps que l'intelligence du monde syndicaliste et socialiste de la
capitale de Queensland. Invité à faire une conférence devant deux cents délégués des Trade
Unions, le 26 février 1916, le missionnaire de
l'impérialisme britannique a eu la bonne fortune de se faire entendre par des hommes
impartiaux et d'esprit libre.

Tous étaient hostiles aux projets du *Royal
Colonial Institute* et répudiaient une politique
coloniale à tendance impérialiste.

Or, après avoir écouté le délégué abhorré,
ces socialistes entendirent raison et l'avouè-
rent. Ils comprirent la nécessité pour les
hommes de s'associer toujours plus étroitement
en vue du plus grand bonheur individuel. Et,
dans son rapport, Sir Rider Haggard constate
cette conversion des syndicalistes queenslan-
dais en ces termes : « L'accueil, surtout après
que j'eus parlé, fut en somme caractérisé par
un enthousiasme remarquable et les journaux
ultra-Travaillistes annoncèrent le lendemain
que quoique mes propos fussent d'une nature
qui jusque-là répugnât au parti du Travail,
j'avais néanmoins totalement converti mon

auditoire à mes façons de penser » (*I had
quite converted the audience to my way of
thinking*)[1].

Que n'avons-nous, chez nous, des idéalistes
comme Haggard et Kipling capables de faire
élever les murs d'une belle Cité indépendante,
fière et opulente, aux sons de chalumeaux aussi
puissants! ou que n'avons-nous des syndicalistes d'esprit aussi libre et impartial ?

Malheureusement les bergers qui dans notre
pays ont la faveur des gouvernants sont des
jongleurs impudents qui ne s'adressent pas à
l'intelligence et au cœur mais aux facultés
inférieures, pour « berner » positivement les
hommes, selon l'aveu qu'en fit un jour
M. Jules Guesde, un des chefs éclairés de
cette confrérie[2].

Le souci de la grandeur d'une nation saine
va de pair avec la sollicitude dont les gouvernants entourent les individus. Le monde anglo-
saxon nous en fournit un assez bel exemple.

Ainsi, c'est pour la patrie d'abord que les
gouvernements anglais, canadien, australien,

---

(1) Rapport déjà cité, pp. 16-17.
(2) Discours prononcé au Congrès socialiste d'Amsterdam,
le 17 août 1904.

néo-zélandais travaillent en réorganisant la vie
des défenseurs de notre civilisation. C'est pour
consolider l'Empire britannique selon la pleine
mesure de ses aptitudes que les États qui composent cet *univers* prennent de si efficaces
dispositions en faveur de leurs hommes d'élite.

Pour l'avenir de la race et de l'idéal anglais,
il faut que l'Angleterre s'arme mieux. Si pour
doter les citoyens de cet Empire d'un surcroît
de commerce normal de quinze milliards et
rendre cette société de nations indépendante
du reste du monde, il faut recoloniser l'Angleterre, peupler les colonies et en exploiter
méthodiquement les richesses, on le fera sans
tarder, sans même attendre la fin de la guerre.

Mais, diront les théoriciens de la Société des
Nations, en s'adressant plus tard à nos alliés
d'aujourd'hui : Vous aviez promis de pratiquer
l'union sacrée; vous nous aviez voué une
amitié éternelle; aucun des champions de la
grande guerre de 1914 ne devait profiter de la
guerre au delà des satisfactions d'une égale
prospérité et d'une équitable répartition des
richesses communes; une honnête association
des peuples alliés, sinon de toutes les nations,
devait succéder à la rivalité coupable, cause

des guerres. Vous en aviez pris un engagement solennel par la voix de vos ministres. Et
voilà qu'engagés dans la voie d'un Impérialisme intégral, vous faites déjà peser le poids de
votre puissance accrue sur les travailleurs du
reste du monde et que le sens de notre commun
serment n'est plus reconnaissable. Le niveau
de votre prospérité dépasse le nôtre !

A cela, nos frères d'aujourd'hui, nos associés de la fédération des peuples, nous répé-
teront à peu près ce que les Athéniens répon-
daient, à la veille de la guerre de Péloponèse,
quand, scandalisés de la grandeur d'Athènes,
leurs associés les Lacédémoniens leur repro-
chaient leur impérialisme : « Ne méritons-nous
donc pas, ô Lacédémoniens, par le zèle qu'alors
nous avons montré, par la sagesse de nos
résolutions, que les Grecs ne portent pas tant
d'envie à l'empire que nous avons obtenu ?
Ce n'est point par la violence que nous l'avons
acquis cet empire ; mais lorsque vous ne
voulûtes pas continuer de combattre[1] le reste

---

(1) Les Lacédémoniens s'étaient en quelque sorte retirés
eux-mêmes de la fédération des Grecs et avaient abandonné
aux Athéniens le poids de la lutte contre les Mèdes.

des barbares ; lorsque les alliés eurent recours
à nous ; lorsqu'eux-mêmes nous prièrent de les
commander : voilà ce qui nous a forcé d'élever
notre domination au point où vous la voyez,
d'abord par crainte, ensuite pour nous faire
respecter et enfin pour notre intérêt. Nous ne
pouvions plus nous croire en sûreté en nous
relâchant de notre pouvoir, nous, haïs d'un
grand nombre et obligés de remettre sous nos
lois quelques villes qui déjà s'étaient soulevées ;
nous qui ne comptions plus comme auparavant
sur votre amitié, qui même vous inspirions de
la défiance et qui déjà vous avions pour enne-
mis. Car c'est dans vos bras que se seraient
jetés ceux qui auraient abandonné notre
alliance. Personne, dans un grand péril, ne
peut être blâmé d'assurer, autant qu'il le peut,
ses intérêts.

« Nous n'avons donc rien fait dont on doive
être étonné, rien qui ne soit dans l'ordre des
choses humaines, en acceptant l'empire qui
nous était offert et en refusant d'en relâcher les
liens, autorisés comme nous l'étions par ce que
l'on connaît de plus puissant : l'honneur, la
crainte et l'intérêt. Ce n'est pas nous qui, les
premiers, l'avons faite ; mais elle a toujours

existé cette loi qui veut que les plus faibles soient soutenus par les plus forts[1]. »

Ce n'est pas en effet par la violence que l'Angleterre travaille dès aujourd'hui à assurer son honneur et ses intérêts.

C'est par la bienfaisance et la collaboration des peuples fédérés de l'Empire.

Si nous refusons de continuer la lutte contre les barbares sur le terrain économique, nos alliés, plus prudents, prendront nécessairement un ascendant dont nous n'aurons pas lieu de nous plaindre plus tard.

Voyons comment ils procèdent dans cette tâche. Leur activité se déploie au grand jour. Il n'y aura donc pas de surprise.

---

[1] Thucydide, *Guerre du Péloponèse*, I, 75, 76.

CHAPITRE VI

CE QUE FONT LES COLONIES ANGLAISES
POUR LES
COMBATTANTS DE L'EMPIRE

LE CANADA.

La rééducation professionnelle. — Après avoir examiné l'initiative de la Métropole, voyons de quel cœur et de quel esprit les colonies se préparent à réorganiser la vie de leurs combattants et à raffermir les murs de la Cité Impériale.

Quand un soldat canadien est ramené d'Europe, c'est parce qu'il est rangé dans l'une des quatre catégories suivantes : 1° Réformé sans pension ; 2° en observation (réformé temporaire) ; 3° réformé avec pension ; 4° sursitaire (étudiant, aspirant, condamné).

Les hommes de la première catégorie reçoivent trois mois de solde et leur famille ou les personnes à leur charge touchent pendant trois mois les allocations réglementaires. Ceux de la deuxième et troisième reçoivent le même traitement jusqu'à ce que leur situation soit rétablie ou que le chiffre de leur pension soit fixé.

En arrivant, ces hommes sont accueillis par le *Département ministériel du rétablissement civil des militaires*, primitivement appelé *Commission des hôpitaux militaires.* Ce Département s'est donné deux Commissions : la *Commission des invalides* [1] et le *Bureau des Pensions*.

La *Commission des Invalides* a pris la succession de la *Commission des hôpitaux militaires* qui avait été créée dans le but d'organiser et

---

(1) Cette institution se compose de vingt membres honoraires choisis dans la haute bourgeoisie du pays (industriels, avocats, médecins, agents de change, députés, etc.) et de neuf membres actifs désignés à raison d'un par province. Le Bureau de Direction siège à Ottawa, capitale fédérale. Voir *Report of the work of the Military Hospitals Commission, Canada,* may 1917. Ottawa, chez J. de Labroquerie-Taché, imprimeur du Roi, 1917 ; voir aussi *Reconstruction,* bulletin officiel du département, août 1918, p. 16. Ottawa, 22, rue Victoria. Voir aussi *Proclamations, Orders in Council and Documents relating to the European war* (Second Supplement), pp. 627-629 et 788-790. Ottawa, Bureau de l'imprimerie du Gouvernement, 1916.

d'administrer les hôpitaux et les asiles de convalescents. Elle administre quatre-vingt-quatorze hospices de convalescents et quelques asiles d'aliénés, répartis dans toutes les provinces canadiennes. Elle gère, en outre, le fonctionnement de seize wagons sanitaires.

C'est par le ministère de cette *Commission des Invalides* que le Département procède au « rétablissement civil des militaires ». Son objet consiste en :

1° Création et entretien des hôpitaux et asiles de c᠁valescents ;

2° Réé᠁ation professionnelle des hommes inaptes à l'exercice de leur métier antérieur ;

3° Soins à donner aux inaptes ;

4° Organisation centrale du Bureau de placement des réformés.

Ce Département a son complément dans les commissions officielles créées dans chaque Province et faisant fonction de Bureaux de placement.

Au nombre des arts et métiers appris aux réformés mutilés, mentionnons : le dessin industriel, menuiserie, mécanique générale, force motrice, automobilisme, sténographie et machine à écrire, comptabilité, agriculture, culture maraîchère, apiculture, etc.

En mai 1918 on comptait 179 arts, métiers ou professions enseignés aux mutilés [1].

Dès qu'un soldat est réformé, il est à la charge de la nation jusqu'au jour où il sera mis en mesure de se suffire à lui-même : habillement, transports par chemins de fer (toujours en première classe avec wagons-couchettes), pension, frais des avis télégraphiques d'arrivée aux familles, frais de réception populaire dans les localités, tout est fourni gratuitement à celui qui a sauvé tout.

Ceux qui sont placés dans un asile de convalescence pour y apprendre un métier continuent à toucher leur solde ; ils reçoivent en outre, comme menue monnaie, 40 francs au maximum par mois ; dans certains cas, ils commencent à recevoir la pension qui leur a été attribuée par le Bureau des Pensions.

Dans l'estimation des frais de l'entretien

---

(1) *Reconstruction*, bulletin officiel du Département du rétablissement civil des soldats, numéro de mai 1918, pp. 10-11. Ottawa, 22, rue Vittoria.

d'un mutilé, obligé de se déplacer pour son traitement, soit pour se rendre à la manufacture de membres artificiels, soit pour consultations de spécialistes, on a compté qu'il fallait 15 francs par jour outre les frais de transport.

Ceux qui sont à la charge d'un mutilé continuent à toucher l'allocation réglementaire pendant la durée du traitement ou de la rééducation. En outre, ils reçoivent, en remplacement de l'indemnité accordée dans les quatre premières années de la guerre par le Fonds Patriotique canadien[1], un secours de 60 francs par mois pour la femme ; 95 francs pour la femme et un enfant ; 130 francs pour la femme et deux enfants ; 165 francs pour la femme et trois enfants ; soit 25 francs par mois pour chaque enfant en plus. Le maximum accordé à la famille d'un mutilé à titre de secours (indépendamment de l'allocation officielle) est fixé à 225 francs par mois.

Le mutilé reçoit ces secours divers mensuel-

---

[1] Institution correspondant à notre *Comité de Secours National*, versant aux familles des secours en argent variant entre 100 et 200 francs par mois.

lement et pendant un mois après sa guérison ou l'achèvement de sa rééducation.

Le secours est payé pour les enfants jusqu'à l'âge de seize ans (filles) et dix-sept ans (garçons).

Les proches parents, à la charge du mutilé, tels que père, mère, grand-père ou grand'mère, peuvent recevoir les mêmes allocations et secours que la femme et les enfants d'un pensionné.

Le tuteur d'un enfant d'apprenti reçoit pour son pupille 50 francs par mois ; 87 fr. 50 pour deux pupilles et ainsi de suite jusqu'à concurrence de 175 francs par mois, maximum.

Tous ces secours sont accordés mensuellement et un mois après la guérison du mutilé ou l'achèvement de sa rééducation.

Ces allocations sont largement suffisantes à l'entretien des mutilés et des personnes à leur charge.

L'apprentissage se fait dans certains cas en très peu de temps.

On a vu des mutilés acquérir les notions nécessaires à la pratique du commerce, de la mécanique industrielle ou à l'exercice de certaines fonctions administratives de l'État, en

cinq et six mois. Ces rééduqués gagnent aujour-
d'hui de 350 à 550 francs par mois [1].

Pensions. — Pour le service des pensions
militaires, indemnités, allocations et secours
divers accordés aux marins et soldats et aux
personnes à leur charge, un Bureau des Pensions a été créé par le Gouvernement. Ce
Bureau relève du Département pour le rétablissement civil des soldats; il a des offices
dans chaque province [2].

Il y a vingt catégories ou classes de pensionnés, établies suivant le degré d'incapacité
physique.

Le coefficient d'incapacité se marque en
pourcentage.

Je ne reproduirai ici que les chiffres des pensions des classes 1, 5, 10, 15 et 20 :

---

(1) Voir Report of the work of the *Military Hospitals Commission, Canada*, mai 1917, pp. 103, 109, 118, 121. Ottawa,
1917.

(2) Voir *Reconstruction*, bulletin officiel du Département,
août 1918, p. 16. Ottawa.

GRADE	PENSION d'un célibataire	PENSION supplémentaire d'un homme marié	PENSION supplémentaire pour chaque enfant	INDEMNITÉ à chaque pensionné	TOTAL ANNUEL marié avec un enfant
	francs	francs	francs	francs	francs

CLASSE 1 (100 °/₀ d'incapacité)

GRADE	PENSION d'un célibataire	PENSION supplémentaire d'un homme marié	PENSION supplémentaire pour chaque enfant	INDEMNITÉ à chaque pensionné	TOTAL ANNUEL marié avec un enfant
Soldat	3.000 »	480	480	1.500	5.460 »
Sergent.	3.187 50	480	480	1.500	5.647 50
Sergent-major régim. . . .	3.875 »	480	480	1.500	6 335 »
Officier.	4.250 »	480	480	1.500	6.710 »
Lieutenant	4.500 »	480	480	1.500	6.960 »
Capitaine.	5.000 »	0	480	0	5.480 »
Commandant	6.300 »	0	480	0	6.780 »
Lieutenant-colonel.	7.800 »	0	600	0	8.400 »
Colonel.	9.450 »	0	600	0	10.050 »
Général.	13.500 »	0	600	0	14.100 »

GRADE	PENSION d'un célibataire.	PENSION supplémentaire d'un homme marié.	PENSION supplémentaire pour chaque enfant	TOTAL ANNUEL pour un marié avec un enfant
	francs	francs	francs	francs
CLASSE 5 (de 84 à 80 % d'incapacité)				
Soldat	2.400	384	420	3.204
Sergent.	2.550	384	420	3.354
Serg.-maj. régim. .	3.100	384	420	3.904
Officier.	3.400	384	420	4.204
Lieutenant	3.600	384	420	4.404
Capitaine.	4.000	0	420	4.420
Commandant . . .	8.040	0	480	8.520
Lieutenant-colonel.	6.240	0	600	6.840
Colonel.	7.560	0	600	8.160
Général.	10.800	0	600	11.400
CLASSE 10 (de 59 à 55 % d'incapacité)				
Soldat	1.650	264	330	2.244
Sergent.	1.753	264	330	2.347
Serg.-maj. régim. .	2.131	264	330	2.725
Officier.	2.337	264	330	2.931
Lieutenant	2.475	264	330	3.069
Capitaine.	2.750	0	330	3.080
Commandant . . .	3.465	0	330	3.795
Lieutenant-colonel.	4.290	0	330	4.620
Colonel.	5.197	0	330	5.527
Général.	7.425	0	330	7.755

GRADE	PENSION d'un célibataire	PENSION supplémentaire d'un homme marié	PENSION supplémentaire pour chaque enfant	TOTAL ANNUEL pour un marié avec un enfant
	francs	francs	francs	francs

CLASSE 15 (de 34 à 30 % d'incapacité)

GRADE	PENSION d'un célibataire	PENSION supplémentaire d'un homme marié	PENSION supplémentaire pour chaque enfant	TOTAL ANNUEL pour un marié avec un enfant
Soldat	900	144	180	1.224
Sergent.	956	144	180	1.280
Serg.-maj. régim. .	1.162	144	180	1.486
Officier.	1 275	144	180	1.599
Lieutenant	1.350	144	180	1.674
Capitaine.	1.500	0	180	1.680
Commandant . . .	1.890	0	180	2.070
Lieutenant-colonel.	2.340	0	180	2.520
Colonel.	2.835	0	180	3.015
Général.	4 050	0	180	4.230

CLASSE 20 (de 9 à 5 % d'incapacité)

GRADE	PENSION d'un célibataire	PENSION supplémentaire d'un homme marié	PENSION supplémentaire pour chaque enfant	TOTAL ANNUEL pour un marié avec un enfant
Soldat	150	24	30	204
Sergent.	159	24	30	213
Serg.-maj. régim. .	193	24	30	247
Officier.	212	24	30	266
Lieutenant	225	24	30	279
Capitaine.	250	0	30	280
Commandant . . .	315	0	30	345
Lieutenant-colonel.	390	0	30	420
Colonel.	472	0	30	502
Général.	675	0	30	705

Le principe de l'indemnité supplémentaire pour incapacité, qui est de 1.500 francs pour incapacité totale (classe 1), n'est pas appliqué proportionnellement aux autres classes, comme on pourrait le croire. Mais le soldat réformé pour 5 °/₀ d'incapacité et moins, ne recevant pas de pension, touche, à sa réforme, une indemnité ou gratification de 500 francs.

Ce tarif des pensions s'applique aussi aux marins. L'équivalence des grades étant, par exemple, pour le sergent-major de régiment, l'aspirant de marine; pour le lieutenant de terre, le sous-lieutenant de marine; pour le capitaine, le lieutenant de marine; pour le commandant de terre, le commandant en second de marine; pour le lieutenant-colonel, le commandant de marine; pour le colonel, le capitaine de marine; pour le général, le commodore. Les veuves et les orphelins de la guerre sont très libéralement pensionnés jusqu'au jour où les premières se remarient (et un an après) et où les orphelins atteignent seize ans (garçons) et dix-sept ans (filles). Pour ces derniers, la limite d'âge peut être reculée dans les cas d'incapacité physique ou d'infirmité.

De plus, si le soldat mort à la guerre a des parents, des frères ou des sœurs à sa charge, ceux-ci ont droit à une pension au même titre qu'une veuve. La veuve d'un soldat, d'un sous-officier ou d'un marin mort à la guerre, a droit à une pension minima de 2,400 francs; celle d'un lieutenant, 3.600 francs; celle d'un capitaine, 4.000 francs; celle d'un général, 10,800 francs.

En outre, les orphelins ont droit à 480 francs chacun; si les enfants sont orphelins de père et de mère, ils ont droit au double, c'est-à-dire 960 francs chacun. Toutefois, les orphelins d'officiers ayant le grade de lieutenant-colonel, reçoivent 600 francs de pension[1].

---

[1] Bien qu'il n'entre pas dans le cadre de cet ouvrage de marquer l'importance de la solde des combattants et les secours aux familles, cependant, je crois devoir donner un aperçu du tarif appliqué par le Gouvernement canadien en ces matières.

Solde : Le chef d'état-major divisionnaire touche 100 francs par jour, plus 20 francs, ce qui porte la haute paye à 120 francs; l'officier d'état-major, 50 fr. + 15 fr., soit 65 francs; les officiers du second degré ont 40 fr. + 15 fr., soit 55 francs; ceux du troisième degré, 25 fr. + 15 fr., soit 40 francs. Les officiers d'artillerie et d'infanterie divisionnaires reçoivent de 60 à 10 francs par jour. Les officiers réglementaires reçoivent de 37 fr. 50 (pour le colonel) à 13 francs

DES TERRES POUR LES COMBATTANTS.

Le Parlement canadien a adopté une loi dite « l'Acte de l'établissement sur les terres des soldats », qui a été sanctionnée, c'est-à-dire agréée par le Gouverneur général, le 29 avril 1917, en vertu de laquelle toute personne ayant honorablement servi dans la marine ou l'armée canadiennes ou dans les armées alliées de S. M. le Roi d'Angleterre, au cours de la guerre actuelle, et toute veuve d'un militaire mort au service de la cause des alliés, peuvent obtenir du Bureau des commissaires institué par cette loi, le don gratuit d'une terre de

---

(pour le lieutenant) et 7 fr. 50 (sergent); le soldat reçoit 5 fr. 50.

Tel est le tarif établi à la date du 3 septembre 1914. Il a dû être relevé depuis.

Allocations : Quant aux allocations attribuées aux personnes à la charge des combattants, elles ont été fixées, dès le 4 septembre 1914, à 100 francs par mois pour le simple soldat, 200 francs pour le capitaine, 300 francs pour le colonel. Si l'on ajoute les secours attribués aux familles par le Fonds Patriotique Canadien, variant de 100 à 200 francs pour les familles des simples soldats, et les allocations municipales qui, dans bien des cas, ne sont pas inférieures à 150 francs par mois, on a une idée des secours de guerre que les familles des mobilisés reçoivent pendant l'absence de leurs soutiens naturels.

160 acres (65 hectares) à choisir dans le domaine des terres de la Couronne spécialement réservées à cet effet.

Ces terres seront prises le long des chemins de fer dans une zone de 24 kilomètres de chaque côté de la voie ; l'intention de la loi est que les terres attribuées aux soldats soient les mieux situées du domaine de la Couronne.

Une demande doit être adressée dans chaque cas au Bureau des commissaires des terres à Ottawa (*Land Settlement Bureau*).

La loi canadienne a tout prévu.

Du reste, elle paraît être la loi-type adoptée dans les autres colonies anglaises.

Le législateur a voulu que les concessionnaires mettent réellement leurs terres en valeur et même avec toutes les chances possibles de succès. Ainsi, il ne suffira pas d'être propriétaire ; il faudra avoir et les connaissances techniques et la volonté de travailler utilement.

Voici comment la loi y pourvoit :

L'article 5 énonce que le Bureau des commissaires pourra prêter au colon une somme n'excédant pas 12.500 francs à utiliser soit pour l'achat d'autres terrains, soit pour bâtir ou acquérir des instruments agricoles, des bestiaux, soit enfin pour tout autre emploi approuvé par le Bureau.

Cet emprunt sera gagé par les propriétés de l'emprunteur et la garantie devra être réelle et suffisante. Ce sera le devoir du Bureau de s'assurer dans chaque cas de la solvabilité du colon.

Le prêt sera consenti à un taux d'intérêt n'excédant pas 5 %; la somme sera remboursée par annuités dans un délai maximum de vingt années. Ajournement des deux premières annuités pourra être accordé. Toutefois, l'emprunteur aura la faculté d'anticiper le remboursement de la somme s'il le désire.

La terre et l'argent ne suffiront pas : on exige des connaissances techniques.

Tous les colons seront à même de les avoir, car le Bureau s'occupe de leur placement temporaire chez les fermiers où ils pourront acquérir les connaissances nécessaires.

Le Bureau a créé à cet effet des fermes-écoles pour l'instruction théorique des colons mis ainsi en apprentissage. Cet apprentissage se fera en un an.

De plus, il pourvoit à l'enseignement agricole et ménager des veuves désireuses de s'établir elles-mêmes sur les terres qui leur seront attribuées.

Le Bureau a enfin adressé, en date du 7 mars 1918, une circulaire aux militaires leur donnant la marche à suivre pour entrer en possession de la terre qu'ils désirent obtenir ou pour contracter un emprunt.

Les militaires sont priés de demander au Bureau[1] une formule de demande de terrain.

Ils sont avertis qu'une mission d'arpenteurs procède actuellement au choix des meilleurs terrains et à l'estimation de la qualité du sol afin de fixer les autorités sur la valeur des gages des futurs emprunteurs.

Les opérations d'attribution des terres et des prêts devaient commencer dès l'année 1918.

Les militaires libérés de la guerre, déjà initiés à l'agriculture, peuvent entrer immédiatement en possession de leur concession. Ceux qui n'ont aucune pratique de la vie agricole devront faire un stage d'une année chez un fermier.

----

(1) Le titre officiel de ce Bureau est *The Soldiers Settlement Board*, à Ottawa, Canada.

Le placement de ces futurs colons peut se faire par l'intermédiaire du Bureau et des Commissions provinciales désignées par les Gouvernements de chaque province à cet effet.

Rappelons enfin que, pour les demandes d'emprunt, les colons peuvent aussi s'adresser aux agents des terres du Gouvernement dans la localité de leur domicile[1].

Voilà en résumé ce que le Gouvernement fédéral canadien a fait pour le rétablissement des militaires dans la vie civile.

La plus grande partie des terres de la Couronne propres à l'agriculture se trouve dans les provinces occidentales (Manitoba, Saskatchewan, Alberta). Les terres destinées aux soldats seront prises dans une zone de 24 kilomètres de chaque côté des chemins de fer; ce sont les plus avantageuses.

Ces terres valent en moyenne de 15 à 20 dollars l'acre (187 à 250 francs l'hectare);

---

[1] Voir *Loan Regulations of the Soldier Settlement Board of Canada*, chez J. de Labroquerie-Taché, imprimeur du Roi, à Ottawa, 1918. On peut demander l'édition française.

soit donc 12.000 à 15.000 francs par lot de 65 hectares.

Si à ce présent réel on ajoute les allocations payées pendant l'apprentissage, la valeur de cette instruction qui sera donnée gratuitement, la fourniture facile et économique de l'outillage, des bestiaux, grains de semence, etc., on peut évaluer ce don à 25.000 francs.

Si on ajoute l'usage assuré d'un capital de 12.000 à 13.000 francs avancé par l'État, on se trouve en présence d'un « bien » de près de 35.000 francs qui, par suite de la construction certaine de nouveaux chemins de fer et du perfectionnement croissant des méthodes de production, vaudra le double au bout d'un temps qu'on peut fixer sans exagération à dix ans.

CHAPITRE VII

CE QUE FONT LES PROVINCES CANADIENNES

Indépendamment du Gouvernement fédéral, chacun des neuf Gouvernements provinciaux offre aux soldats libérés des facilités d'établissement.

Pour certaines convenances personnelles, un soldat ne désirant pas s'éloigner de sa province natale peut s'adresser au Gouvernement local et obtenir des avantages aussi grands qu'auprès du Gouvernement fédéral, ainsi qu'on va le voir.

Nouvelle-Écosse.

Le secrétaire d'État de cette province a publié récemment une brochure[1] pour attirer l'attention des militaires britanniques sur les

---

[1] *What Nova Scotia offers returned soldiers*, chez le secrétaire provincial, à Halifax, 1917.

conditions auxquelles ceux-ci peuvent s'établir dans ce riche et fertile pays. Après avoir rappelé qu'il y a encore 377.220 hectares de terres de la Couronne réservées aux colons en général, l'auteur de cette publication signale particulièrement les fermes déjà mises en valeur dans cette province et qu'on trouve à acheter à de bonnes conditions.

Ces terres, abandonnées par leurs propriétaires trop âgés ou négligées par ceux que les villes ont attirés, sont propres à la culture des fruits, à l'élevage, à la culture maraîchère et fourragère. Le secrétaire provincial explique que par suite de la grande extension des industries créées, une foule de jeunes gens ont négligé ces terres pour aller dans les centres s'employer aux mines de charbon, de fer, à la pêche et autres industries.

Le Gouvernement fait ici l'office d'agent d'immeubles. Il a recueilli toutes les informations concernant chaque propriété à vendre; il fournit ces renseignements gratuitement, sert d'intermédiaire pour la vente et, dévoué au nouvel habitant, il lui avance de l'argent sur hypothèque jusqu'à concurrence de 80 % de la valeur du gage.

Il offre, en outre, des facilités pour l'apprentissage pratique de la culture des fruits ou de l'élevage dans ses cinq fermes-écoles.

Voici, à titre d'exemple, la description sommaire qu'il fait d'une de ces fermes à vendre :

A *Princeville*, une ferme de 200 acres (80 hectares), comprenant : 40 hectares en culture et pâturage; 40 hectares en bois. Bon état de culture. Pâturage sur terre arable. Maison composée de dix chambres 8ᵐ30 × 8ᵐ30. Écurie de 7ᵐ30 × 13ᵐ30. Propriété située à 1.600 mètres de l'école et de l'église. Marchés à Sydney, Inverness, Hawkesbury, Port Hood. Eau potable : puits et rivière. Colline inclinée au sud et à l'ouest. Clôture. Bonne ferme, mais a été négligée. Peut devenir une belle propriété. Sous-sol riche et épais. Prix : 5.000 francs.

ONTARIO.

La province d'Ontario a adopté en 1917 une loi dite « Plan pour la colonisation des terres d'Ontario », destinée à assurer à tout soldat démobilisé, désireux de s'établir dans cette province, une terre de 100 acres (40 hectares) à prendre dans une zone située au nord de la province et s'étendant depuis la frontière de Québec dans la direction de l'ouest jusqu'à plus de 600 kilomètres.

Cette zone dénommée « Clay Belt » (région argileuse) est en grande partie boisée et émaillée de rivières et de lacs poissonneux. Le gibier à plume y est également abondant.

Les futurs colons sont d'abord placés dans des fermes-écoles, à Monteith. Au fur et à mesure que leur éducation est faite, ils sont placés en colonie sur des lots préparés d'avance, où ils trouveront une maisonnette et où, sous la direction d'un surintendant, ils procéderont au défrichement et au labourage de 10 acres (4 hectares).

Dans chaque colonie, le Gouvernement a institué des dépôts de chevaux, bœufs, porcs, moutons et des magasins d'instruments agricoles pour l'usage des colons. Ceux-ci pourront s'y approvisionner à des prix modérés.

Dès que les quatre premiers hectares seront défrichés, l'attribution gratuite du lot entier sera faite au concessionnaire.

A partir du moment où la propriété sera ainsi mise en valeur, le Gouvernement consentira aux propriétaires des avances d'argent n'excédant pas 2.500 francs, remboursables en vingt ans avec un intérêt de 6 %. Aucun versement ne sera exigible dans les trois premières années.

Des facilités de transport seront accordées aux familles des colons au moment de leur installation définitive sur leurs terres.

Pendant leur apprentissage et la période du défrichement des quatre premiers hectares, les célibataires reçoivent 12 fr. 50 pour chaque jour de travail; les hommes mariés reçoivent 5 fr. 50, plus une allocation mensuelle de 100 francs et 30 francs par mois par enfant au-dessous de seize ans; enfin, la femme reçoit pendant cette même période 25 francs par mois. Au total une allocation mensuelle minima de 325 francs est payée à chaque famille.

Les soldats désireux d'obtenir cette concession gratuite doivent obtenir une formule de demande. Ils n'ont pour cela qu'à écrire au délégué ou substitut du Ministre des terres et forêts d'Ontario, au palais du Parlement, à Toronto.

Un examen médical est imposé à tout candidat colon. Le but de cette mesure est d'éviter la propagation des maladies contagieuses dans ces colonies[1].

QUÉBEC.

La province de Québec offre de son côté un domaine de 100 acres (40 hectares) de terre fertile, en partie boisée et parsemée de lacs et de rivières dans la région contiguë au nord de l'Ontario. Ces terres sont situées dans le district de l'Abitibi.

Ces lots de 100 acres, dans leur état naturel, ont une valeur approximative de 5.000 francs.

Ils sont cédés aux militaires gratuitement.

Quant aux facilités d'établissement et de la mise en valeur, le colon peut recourir aux services du Département pour le rétablissement civil des militaires à Otttawa[2], comme s'il était concessionnaire d'une terre de la Couronne accordée par le Gouvernement fédéral.

---

[1] Voir *Land Settlement scheme for returned soldiers and sailors.* Palais du Parlement, à Toronto, Canada, 1917.

[2] On s'adresse au Ministère de l'Agriculture, à Québec (Canada).

Alberta, Saskatchewan, Manitoba.

Dans ces provinces, les soldats doivent s'adresser aux agents des terres de la Couronne. Les Gouvernements de ces provinces (dont les capitales sont respectivement : Edmonton, Regina et Winnipeg) ont constitué des Bureaux de placement pour les soldats libérés. Ceux-ci trouvent soit par l'intermédiaire du Bureau des commissaires d'Ottawa, soit en s'adressant aux Bureaux de placement provinciaux, toutes facilités pour se placer dans des maisons ou industries particulières, soit dans les administrations de l'État, soit enfin dans les fermes-écoles pour l'apprentissage de la culture ou d'autres industries rustiques.

Les concessions de terres gratuites de 65 hectares sont faites à tout soldat qui en fait la demande régulièrement comme nous l'avons dit au chapitre VI.

Colombie anglaise.

Le Gouvernement de cette province n'a pas marchandé ses faveurs, ses privilèges ni ses libéralités aux soldats. Il semble qu'il ait

cherché dans la transformation de sa législation des terres[1], des mines[2] et du service
civil[3], à créer dans l'État une situation privi-
légiée pour les combattants.

Soixante-deux comités locaux sont institués
à travers la province qui se chargent d'accueillir et de placer dans les industries ou le
commerce les soldats qui ne se destinent pas
à l'agriculture.

En vue du placement des militaires libérés
dans ces industries, ceux qui ont besoin d'une
préparation technique spéciale sont invités à
suivre des cours d'instruction rapide dans les
écoles spéciales du Gouvernement fédéral ou

[1] Voir une petite publication de la Commission des Soldats libérés (British Columbia Returned Soldier Commission)
intitulée *Service for Service*, le paragraphe intitulé *Land
Settlement*. Publiée chez W. H. Cullin, imprimeur du Roi, à
Victoria, 1918; voir aussi la loi dite « l'Acte pour l'établissement et la mise en valeur des 'terres » du 19 mai 1917 et
l'amendement du 23 avril 1918; voir également la loi dite
« l'Acte du Homestead des soldats » du 31 mai 1916 et le bill
n° 64, 1917, et « l'Acte des terres des soldats » du 23 avril 1918
publiées chez l'Imprimeur du Roi, à Victoria; voir aussi
« l'Acte des concessions gratuites dites de préemption pour
les soldats », n° 13, votée le 10 avril 1916.

[2] Voir « l'Acte pour exempter les soldats de certaines
obligations instituées par la loi des Mines » du 6 mars 1918.

[3] Voir la loi intitulée « l'Acte du Service civil », n° 12,
votée le 17 mai 1917.

dans celles du Gouvernement provincial. Il en est de même pour l'apprentissage de l'agriculture.

Dans les divers services de l'administration, la préférence est donnée aux militaires.

Les propriétaires de mines ou de propriétés minières sont continués dans la jouissance de leurs droits, même s'ils n'ont pas accompli les travaux réglementaires auxquels ils sont astreints pour la conservation de leurs droits.

La province de la Colombie anglaise est riche en terres dites de la Couronne; aussi les met-elles libéralement à la disposition des combattants.

Chaque soldat a droit de recevoir une concession gratuite de 65 hectares de terrain. Un règlement d'administration fixe les conditions de travail et d'occupation qui sont imposées aux concessionnaires.

Ce droit s'étend aux veuves de la guerre.

De plus, chaque soldat a droit de choisir une terre dite de préemption, un *homestead* de 65 hectares. Ce *homestead* est exempt de tout impôt, excepté des impôts scolaires, et de toute saisie ou vente judiciaire pendant cinq ans.

Une terre de *homestead* est également offerte à toute femme ou fille mineure qui se seront engagées dans un des services auxiliaires des armées britanniques, de même qu'à toute veuve de la guerre.

Il est créé une Commission dite du Crédit agricole dotée de fonds provenant de la vente ordinaire des terres. Ces fonds seront affectés à des prêts aux militaires concessionnaires de *homesteads* aux conditions définies par un règlement d'administration publique.

Enfin, en vue d'encourager l'agriculture, la province de Colombie Britannique a adopté, le 19 mai 1917, une loi dite : « l'Acte pour l'établissement et la mise en valeur des terres. » Par cette loi, une Commission de gestion a été créée, laquelle administre les terres de la Couronne, fait des ventes, baux, avances d'argent, etc.

Tout ancien militaire ou toute association d'anciens militaires peut acheter des terres de cette Commission ainsi que tout autre citoyen, mais il est fait sur chaque lot vendu à un ancien militaire un rabais de 2.500 francs sur le prix d'achat.

Le Gouvernement entreprend gratuitement

certains travaux d'amélioration des terres, tels
que constructions de routes, canaux d'irrigation, défrichements, etc., dont bénéficient les
agriculteurs.

Nouveau Brunswick

Le gouvernement de cette petite province a
tracé de bonne heure le plan de colonisation
élaboré en faveur des militaires libérés. Déten-
teur des terres de la Couronne sises dans cette
province, le Gouvernement a décidé de les
céder à de bonnes conditions aux soldats désireux de se faire un avenir dans les travaux des
champs.

Des groupements de colons militaires sont
établis sur ces terres, préalablement subdivisées et aménagées. Il y aura dans chaque
groupe une école, une église, un cercle et des
magasins où le colon trouvera à acheter chevaux,
bestiaux, instruments agricoles. Une ferme-
école sera installée au centre de chaque colonie,
où les hommes pourront faire leur apprentissage.

Il y aura place pour tous.

D'abord, ceux qui auront quelques écono-
mies — ne fût-ce qu'une somme de 500 francs
— pourront acheter le lot de terrain conve-

nable à l'industrie qu'ils se proposent d'exploiter. On ne demandera aux acquéreurs qu'un premier versement très-modique sur le prix d'achat. On accordera vingt ans pour payer. Les terres seront d'une contenance variant entre 10 et 100 acres (4 et 40 hectares), selon la nature de l'industrie projetée. Ces terres valent de 3.500 à 7.500 francs.

Ceux qui n'auront aucune ressource trouveront à s'employer sur ces terres où le Gouvernement entreprendra le défrichement, le clôturage des champs, le forage des puits, la construction des bâtiments et l'organisation des services divers des fermes-écoles.

En participant à ces travaux, les futurs colons s'amasseront un pécule qui, au bout d'un an, leur permettra de commencer, pour leur compte, l'exploitation du lot acquis.

Les principales industries rurales que ces colonies exploiteront sont : pomoculture, culture des céréales, pommes de terre, laiteries, beurreries, fromageries[1].

---

[1] Voir *New Homes for ex-service Men* (model settlement schemes), 9° feuille de l'*Empire Land Settlement Committee*, publiée par le Royal Colonial Institute, chez W. H. Smith and Son, Londres.

L'initiative privée

La puissante Compagnie des Chemins de fer du Pacifique, qui possède encore un immense domaine foncier réparti sur tous les points du pays, provenant des concessions qui lui furent faites à titre de subvention, a mis à la disposition des militaires :

1° Des fermes, complètement outillées, de 32 hectares 500 ;

2° Des lots de 130 hectares à cultiver.

Pour les premières, on peut dire qu'elles sont créées de toutes pièces : maison, étables, clôtures, puits, commencement de mise en culture.

Ces fermes sont vendues à un prix raisonnable et à tempérament. Le premier versement n'est exigible qu'à la troisième année.

Pour les lots de 130 hectares, la Compagnie s'assure que l'acquéreur est en état de les faire fructifier. Elle vend le terrain nu, sans exiger de premier versement pendant deux ans. Si le colon a besoin d'argent, la Compagnie lui en prêtera sur hypothèque au taux légal d'intérêt.

Ceux qui achètent une ferme outillée commencent à l'exploiter sous la surveillance de surintendants de la Colonie, désignés par la Compagnie pour prêter aide et conseils aux débutants et assurer, en quelque sorte, le succès de ces établissements.

Ces surintendants sont rattachés aux fermes centrales de contrôle qui constituent des écoles d'expérimentation et des magasins généraux pour les besoins des habitants.

La Compagnie étudie même un projet qui permettrait l'installation, dans chaque colonie, de locaux d'intérêt social, tels que salles de lecture où de réunion, marchés, etc.

Les militaires qui s'établiront sur les terres de cette Compagnie feront une bonne opération : d'abord, ils bénéficieront de la direction de spécialistes ; en second lieu, étant établis sur le domaine d'une entreprise privée, ils jouiront du patronage et des munificences d'un puissant seigneur ou d'une sorte de commanderie active et libérale.

Toute la prospérité désirable attend ces colonies : ce nouveau seigneur ayant tout intérêt à ce que son domaine acquière de la valeur, n'hésitera pas à le doter des embranchements nécessaires de voie ferrée. D'autre part, ne recherchera-t-il pas tous les moyens d'accroître le trafic de son réseau?

Faut-il, pour cela, créer une foire régionale, un dépôt de charbons, un atelier de répara-tions, un centre d'excursions et de tourisme, un entrepôt à grains, des moulins à farine?

La Compagnie, propriétaire en partie du sol et en totalité du chemin de fer, disposant de capitaux considérables, étant composée de l'élite du monde industriel et capitaliste, peut mettre en œuvre des moyens d'action d'une puissance incalculable.

Heureux les soldats colons qui s'établiront sur les terres de la Compagnie du Pacifique!

CHAPITRE VIII

NOUVELLE-ZÉLANDE

Parmi les nombreuses colonies de l'Angleterre, nulle plus que la Nouvelle-Zélande a cultivé avec plus de ferveur le sentiment impérial.

Soit dans le domaine des choses maritimes, soit sous le rapport économique, soit au point de vue militaire, la démocratie néo-zélandaise affirmait, avant la guerre, avec plus de force que toutes les autres colonies autonomes de l'Empire britannique, son attachement aux institutions anglaises et aux principes impériaux de la Grande-Bretagne.

Elle s'est montrée une des plus zélées à la cause de son Roi et de la civilisation occidentale au cours de la guerre. Ses habitants ont largement payé le tribut à l'idéal commun.

Aussi sa reconnaissance envers ses soldats

s'est-elle traduite de bonne heure en actes, comme il sied à des hommes de réalisation.

On peut classer sous trois rubriques les diverses formes d'assistance et de récompenses effectives pratiquées par le Gouvernement néozélandais à l'égard des militaires réformés et des démobilisés :

1° Placement, rééducation professionnelle ;

2° Pensions ;

3° Concessions de terres.

Placement et rééducation professionnelle. — Un Département ministériel spécial fut créé dès le début de la guerre, dont l'objet est de rétablir les militaires réformés dans la vie civile. Ce ministère, intitulé « Département d'information pour les réformés » est entré en fonctions en août 1915.

Détail caractéristique : ce Département, créé pour le bien des soldats, n'est pas une de ces administrations sédentaires, qui attendent narquoisement le public derrière des guichets, mais une institution qui va au-devant des administrés. En effet, afin d'éviter les pertes de temps inhérentes à un long trajet par mer, le Gouvernement a installé une partie de cette administration à bord même des navires qui

ramènent les militaires néo-zélandais, réformés
en France ou en Angleterre.

Là commence le travail du rétablissement
civil des soldats.

Le Ministre de ce nouveau Département pro-
céda de bonne heure à la constitution de comités locaux dans les quarante principales localités du pays. Il s'adressa à la bourgeoisie, au
haut commerce, aux industriels et aux sociétés
patriotiques. Ainsi, des groupements compétents, influents et zélés se formèrent, dans le
but d'aider de leurs lumières les autorités
régulières, de conseiller les intéressés et de
s'occuper de leur placement[1].

Des facilités ont aussitôt été données aux
réformés pour se préparer à la culture générale, à l'élevage, aux diverses industries de la
ferme, telles que beurrerie, fromagerie, apiculture, horticulture, etc.

Le Ministre de l'Agriculture a ouvert ses
fermes-écoles aux candidats agriculteurs.

Les écoles techniques sont ouvertes gratuite-

---

(1) Voir *Discharged soldier's Information Department*, publié sous le patronage de l'honorable A. L. Herdman, chez
Marcus F. Marks, imprimeur du Gouvernement, à Wellington. 1918.

ment aux réformés qu'attirent les arts industriels et les métiers.

Là se forment de nouveaux artisans qui, grâce au Département d'information et aux quarante comités régionaux, trouveront à s'employer utilement.

Les métiers enseignés dans ces diverses écoles comprennent, entre autres : l'architecture, la peinture, la décoration, la menuiserie, la plomberie, le génie civil, la joaillerie, la toreutiqne, le modelage, la comptabilité, etc.

L'État accorde 25 francs par semaine, soit 1.300 francs par an, à chaque élève (indépendamment de sa pension militaire) pour ses frais personnels d'entretien.

L'enseignement est gratuit.

D'autre part, si l'élève fait son apprentissage dans une usine privée où le patron lui paye des gages naturellement inférieurs aux tarifs minima[1], l'État paye l'appoint nécessaire à parfaire le taux des gages ordinaires, de façon à assurer

---

(1) *Id.*, pp. 20-22. — Voir aussi *Training for partially disabled Soldiers in Workshops, factories, etc.*, chez Marcus F. Marks, imprimeur du Gouvernement, à Wellington, 1917.

à l'apprenti un gain de 75 francs par semaine, soit 3.900 francs par an.

Cette gratification est accordée en pur don et ne diminue en rien le chiffre de la pension du réformé. L'intention du Gouvernement néozélandais est d'encourager les militaires réformés à embrasser sérieusement les nouvelles carrières qui s'offrent à leurs aptitudes.

Enfin, tout un programme de travaux publics a été tracé, qui permettra de donner du travail aux hommes qui reviendront valides à la fin de la guerre. Un crédit de 25 millions est assuré pour l'avancement de ces travaux d'intérêt général[1].

Enfin, les carrières administratives sont ouvertes de préférence aux mutilés.

Pensions. — Le Parlement de la Nouvelle-Zélande a voté une loi qui fut sanctionnée le 5 août 1915, établissant un régime de pensions militaires aux blessés, aux veuves et autres victimes de la guerre.

---

[1] Voir le Rapport ou *Memorandum sur l'organisation du Département d'information des militaires libérés*, déposé à la Chambre le 21 juin 1917 par le Ministre A. L. Herdman, p. 6. Publié par Marcus F. Marks, à Wellington, 1917.

Cette loi, connue sous le nom d' « Acte des pensions de guerre », a été complétée par les amendements des 8 juillet 1916 et 27 octobre 1917.

Le règlement d'administration de cette loi porte la date du 23 août 1915 : des modifications y ont été apportées le 29 novembre 1915[1].

La pension est due à la veuve et aux enfants âgés de seize ans au maximum[2]. Des annuités peuvent être accordées à d'autres qu'aux enfants, notamment aux personnes à la charge du militaire mort ou mutilé.

La pension est due aussi au mutilé, à sa femme et à ses enfants, dans les cas d'invalidité grave.

La veuve d'un soldat mort sans enfants reçoit 37 fr. 50 par semaine, soit 1.924 francs par an. Si elle a des enfants, elle reçoit, en plus, 12 fr. 50 par semaine pour chaque enfant[3],

---

(1) Le Règlement a paru dans la *New Zealand Gazette* du 26 avril 1915 et les modifications au règlement ont été publiées dans ce journal officiel de la Colonie du 29 novembre 1915.

(2) La limite d'âge des enfants pensionnés peut être reculée dans certains cas d'infirmité ou de maladie.

(3) La livre sterling a été comptée pour 25 francs. En réa-

soit 624 francs par an ; au total 2.600 francs par an.

Le quantum de la pension varie avec le grade. Ainsi, la veuve sans enfant d'un sergent reçoit 2.048 francs ; la même avec un enfant reçoit 2.744 francs.

La veuve sans enfant d'un sous-lieutenant : 2.912 francs ; la même avec un enfant : 3.536 francs.

La veuve sans enfant d'un commandant : 3.754 francs ; la même avec un enfant : 4.898 francs.

La veuve sans enfant d'un général reçoit 4.524 francs ; la même avec un enfant : 5.200 francs[1].

Pour les mutilés, voici quelles sont les pensions accordées :

---

lité, sa valeur est supérieure à ce chiffre. Il y aurait lieu de corriger nos chiffres en y ajoutant approximativement 2 francs par 25 francs.

[1] Voir *Schedules of war pensions acts 1915, 1916, 1917*, publié par Marcus F. Marks, imprimeur du Gouvernement, à Wellington, 1917.

GRADE	PENSION du mutilé	PENSION de la femme	PENSION de chaque enfant	TOTAL
	francs	francs	francs	francs
Soldat.	2.600	1.300	650	4.550
Sergent.	2.600	1.300	650	4.550
Sous-lieutenant . .	2.756	1.378	650	4.984
Lieutenant.	2.912	1.456	650	5.018
Commandant . . .	3.442	1.721	650	5.813
Lieutenant-colonel.	3.962	1.981	650	6.543
Colonel.	4.087	2.043	650	6.780
Général.	4.212	2.106	650	6.968

Le chiffre de la pension est établi d'après le degré d'invalidité. Ce degré se calcule sur une échelle de trente-six catégories, allant de la perte de deux membres à celle de l'index de l'une des deux mains.

Quelques exemples : Les treize premières catégories sont estimées à 100 pour 100 d'invalidité; elles comprennent : perte de deux membres; de la vue; maladie incurable; blessure faciale grave. Les 21e, 22e, 23e catégories sont estimées à 75 pour 100 ; elles comprennent : perte du bras gauche, de l'avant-bras droit, d'un tibia. Les 28e et 29e catégories comprenant la perte d'un œil ou celle de quatre doigts de la main droite sont estimées à 50 pour 100. Enfin, la dernière catégorie (perte d'un index) comporte une invalidité estimée à 20 pour 100[1].

Par une disposition spéciale de la loi, le Bureau des pensions est autorisé à reviser les pensions, quand il le juge à propos, et à tenir compte des revenus du pensionné.

Il n'est pas tenu compte, toutefois, des pensions, allocations ou retraites que l'intéressé touche par ailleurs, et qui sont le fruit ou la récompense de services rendus ailleurs.

Nous n'avons pas de données suffisamment précises qui nous permettent d'apprécier exactement la mesure dans laquelle le Bureau des pensions tient compte des revenus du pensionné. Mais nous pouvons dire que l'enquête faite sur les ressources du pensionné repose sur la déclaration assermentée de l'intéressé, déclaration fort détaillée et laissant apparemment peu d'occasions de fraudes.

La loi de la Nouvelle-Zélande est très large. Elle stipule que les parents adoptifs d'orphe-

---

[1] *Id., ibid.*

lins de guerre ont droit à une pension, de même que les enfants adoptés par des familles déjà victimes de la guerre.

En un mot, toutes les personnes qui sont à la charge du pensionné ont droit à une pension; même une infirmière ou garde-malade.

Elle va plus loin. Par l'article 13 de la loi complémentaire du 8 juillet 1916, elle déclare que le « Bureau des pensions peut accorder une pension à toute personne qui, bien que n'étant pas à la charge d'une victime de la guerre, a néanmoins souffert du fait de la blessure ou de la mort d'un militaire, une perte matérielle de revenus ou de propriété et à vu ses moyens d'existence sensiblement réduits ».

Enfin, si un pensionné se trouve dans un cas de maladie grave, nécessitant des secours médicaux coûteux, le chiffre de sa pension peut être relevé, ainsi que la pension des personnes qui sont à sa charge. L'article 6 de la loi du 5 août 1915 fixait déjà à 1.300 francs l'allocation supplémentaire aux mutilés ayant besoin des services d'un aide ou gardien.

Les enfants pensionnés ont également droit à un relèvement du chiffre de leur pension le jour où ils perdent leur soutien naturel.

La Nouvelle-Zélande a encore prévu le cas où un pensionné désirerait transformer sa pension en un capital unique. Le Bureau des pensions peut agir alors comme une Compagnie d'assurances et régler en une fois la pension viagère, à condition que le capital libératoire n'excède pas 12.500 francs.

Concessions de terre. — La loi dénommée l' « Acte pour l'établissement sur la terre des militaires libérés » a été adoptée par le Parlement de la Nouvelle-Zélande le 11 octobre 1915. Des amendements à cette loi ont été adoptés par les bills du 8 juillet 1916 et du 31 octobre 1917.

En vertu de cette loi, le Gouvernement peut disposer des terres de la Couronne en faveur des militaires anglais réformés ou libérés de la présente guerre. Il vend, à des prix de faveur, les terres qu'il s'est ainsi appropriées, ou il les cède à bail.

La vente se fait moyennant un premier versement maximum de 5 pour 100 du prix de vente. Le paiement du lot concédé s'échelonne sur vingt-cinq ans par versements périodiques. L'acheteur s'engage à habiter la propriété pendant au moins dix ans.

Les baux sont passés pour trente-trois ans ou soixante-six ans avec un droit perpétuel de renouvellement du bail.

Le Gouvernement aide les colons à s'installer, soit en leur construisant des maisons, clôtures, bâtiments divers, et en leur fournissant des instruments agricoles ou du bétail.

Il consent des avances d'argent jusqu'à concurrence de 75 pour 100 des améliorations effectuées sur la terre. Ces avances peuvent s'élever jusqu'à 12.500 francs.

Dans les cas où un ancien militaire désire acquérir d'autres terres par voie d'achat, l'État s'engage à lui avancer des sommes d'argent à 5 pour 100 d'intérêt, jusqu'à concurrence de 62.500 francs.

Aux ventes publiques, qui se font de temps en temps, des terres de la Couronne, les anciens militaires ont le privilège de se porter acquéreurs avant les autres citoyens. Nul terrain, ainsi acquis par d'anciens militaires, ne peut être revendu dans le délai de dix années.

Les plus grandes facilités sont accordées pour l'acquittement du prix d'achat.

Ce genre de vente constituant un privilège et une faveur, l'État exige que, acquéreurs ou

locataires accomplissent sur leurs propriétés
une certaine somme de travail annuellement,
l'habitent régulièrement et ne s'en dessaisissent
pas avant dix ans.

Ces terres sont propres à la culture générale,
à l'horticulture, à l'élevage et à la culture
maraîchère[1].

A l'époque du passage de sir Rider Haggard
à Wellington (juin 1916), le Premier Ministre
de la Nouvelle-Zélande, M. W. F. Massey,
prit par écrit l'engagement d'encourager particulièrement les anciens combattants anglais
désireux de s'établir dans la colonie, et d'assister, de préférence à tout autre colon anglais
ou étranger, les militaires réformés des armées
britanniques. Cette assistance consiste à dé-
frayer le prix du voyage de ces colons et de
leurs familles et à les accueillir avec une particulière bienveillance[2].

---

[1] Voir *Regulations under the Discharged Soldiers Settlement Act, 1915*, chez John Mackay, imprimeur du Gouvernement à Wellington, 1918. Ces règlements ont paru dans la
New Zealand Gazette des 11 novembre 1915, 16 mars 1916,
16 novembre 1916, 12 avril 1917, 10 mai 1917, 18 octobre 1917,
14 février 1918, 11 avril 1918 et 2 mai 1918.

[2] Voir le rapport déjà cité de Sir Rider Haggard,
pp. 22-23.

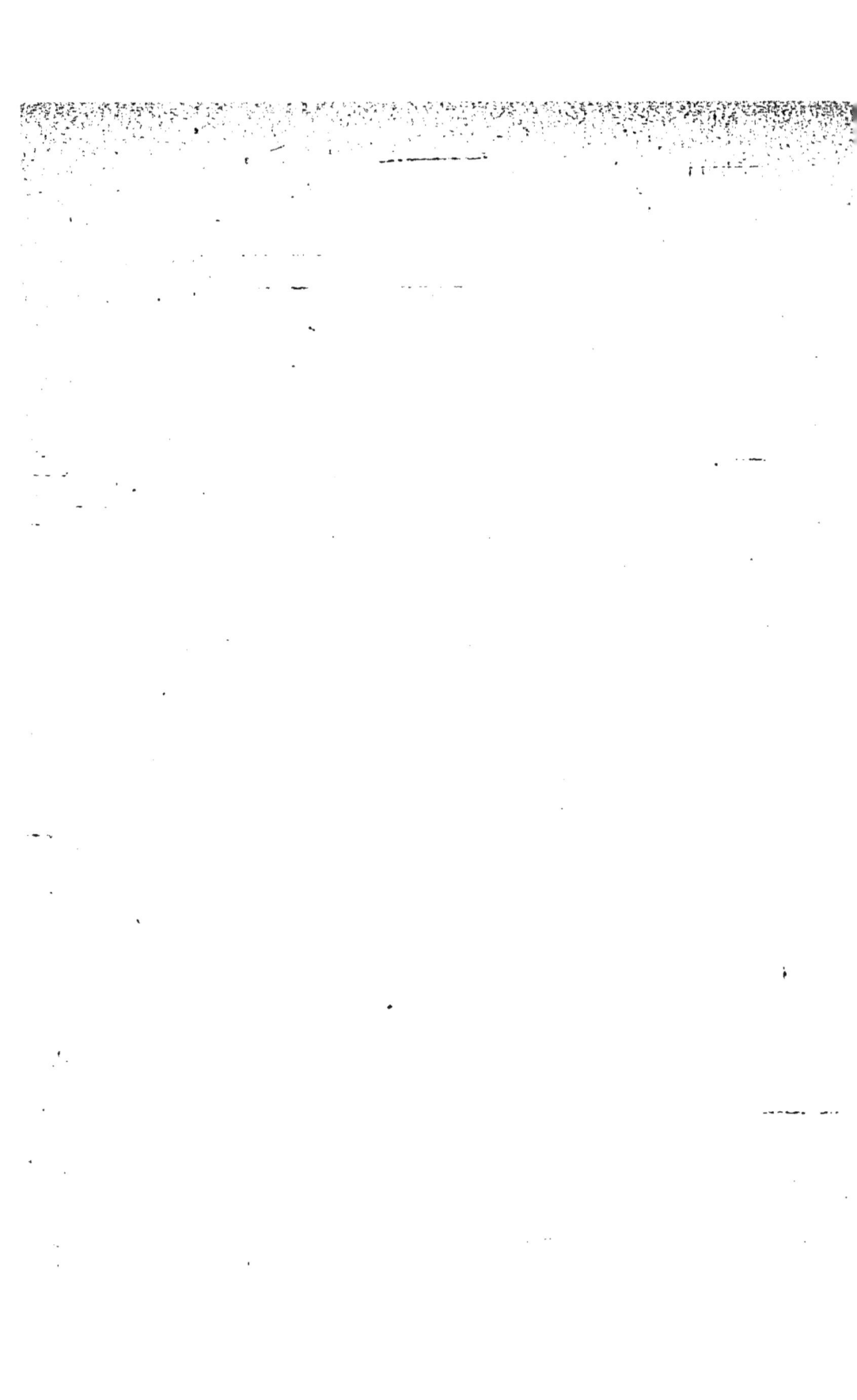

CHAPITRE IX

AUSTRALIE

LES divers gouvernements du Commonwealth se sont entendus pour créer, dans chacun des États fédérés, un vaste système de colonisation. Des règlements extrèmement sérieux ont été élaborés pour assurer le succès de ces établissements.

On ne peut qu'admirer l'esprit pratique et la fermeté du sentiment de solidarité qui ont inspiré cette admirable législation pour l'établissement sur la terre des militaires de toute provenance de l'Empire britannique.

L'organisme créé pour l'exécution de ce programme se compose d'un Ministre de chaque État et d'un Ministre du Commonwealth.

Le programme général a été tracé par cette institution mixte ; mais l'initiative et le choix des moyens d'exécution sont laissés à chaque pays.

QUEENSLAND

Le Parlement de Queensland a adopté, le 15 février 1917, une loi ou Bill « pour l'établissement sur la terre des militaires libérés des armées alliées », dont le caractère général rappelle la législation de la Nouvelle-Zélande.

Par cette loi, le Gouvernement a mis en réserve trois districts de bonne terre destinée aux soldats de l'Empire, et même à ceux des pays alliés du Roi d'Angleterre.

Ici, les combattants, avant même d'être libérés du service militaire, peuvent faire le choix de la terre qu'ils se proposent de cultiver dès leur retour au Queensland. Ce choix peut se faire par l'intermédiaire d'un membre de leur famille résidant au pays.

Ce système paraît avoir donné les plus heureux résultats. Un grand nombre de terres sont déjà choisies, et l'État procède aux premiers travaux d'amélioration et de mise en valeur.

De sorte que, pendant que le soldat anglais, français, serbe, italien, se bat, le peuple du Queesland fait valoir les terres qu'il lui réserve.

Ce sont des colonies entières que le Gouvernement installe. De vastes territoires encore inexploités sont ainsi ouverts à la colonisation et organisés en municipalités.

La dimension des concessions varie selon la nature du sol, les goûts et les aptitudes du colon. Ces concessions sont d'un demi-acre dans les villages et atteignent 1.280 acres dans les zones d'agriculture ou d'élevage.

Rien ne manquera à ces colonies : routes, bâtiments, écoles, puits, fermes-écoles pour les futurs apprentis, pépinières et magasins d'approvisionnement pour l'usage des colons.

Tout est prévu : jusqu'à des bibliothèques, salles de lecture, usines pour la mise en conserve des futures récoltes de fruits ou de légumes.

Ces terres, subdivisées en lots, seront vendues à des prix de faveur ou cédées à bail.

Aucune redevance ne sera exigible dans les trois premières années. Les frais d'arpentage seront payables sans intérêt à partir de la quatrième année et les paiements du prix du fonds seront échelonnés sur dix ans. La rente annuelle qui commencera à être exigible à la quatrième année sera de 1,5 °/₀ de la valeur du terrain jusqu'à la quinzième année.

Le Ministre se réserve la faculté de faire remise de la rente ou de toute redevance quand bon lui semblera et d'autoriser la prorogation des versements. Le colon devra habiter sa terre régulièrement pendant tout le cours de son bail, lequel est renouvelable tous les quinze ans.

Le Ministre se réserve le droit d'exproprier certaines étendues des terres pour en faire des colonies de militaires chaque fois que le besoin s'en fera sentir.

Dans les cas de ventes publiques de domaines de l'État, les militaires, ici comme en Nouvelle-Zélande, jouissent d'un droit préférentiel vis-à-vis de tous les autres citoyens.

Des avances d'argent n'excédant pas 12.500 fr. pour un même colon peuvent être consenties par l'État à tout ancien militaire. Ces sommes ainsi prêtées doivent être employées à développer la propriété.

Ces prêts sont remboursables en quarante années. L'intérêt de l'argent est de 3,5 % la première année ; 4 % la deuxième. Ce taux s'accroît d'un demi pour cent chaque année subséquente jusqu'à ce qu'il atteigne celui que l'État paye lui-même dans les opérations financières qu'il fait pour cette colonisation.

L'amortissement de l'emprunt ne commence qu'à la septième année.

Outre ces concessions agricoles, le Gouvernement a créé aussi, pour les militaires invalides, un système de baux perpétuels de maisons d'habitation dans les villes et villages.

Des maisons sont ainsi louées pour un prix nominal aux invalides, à leurs veuves et aux personnes à leur charge.

VICTORIA

L'État de Victoria a également adopté une loi du 22 octobre 1917 par laquelle le Gouvernement, d'accord avec le Ministère des Terres et des Travaux publics, peut :

1° Réserver parmi les terres de la Couronne et les terrains aurifères des lots d'au moins dix acres (quatre hectares) pour y construire par corvées ou contributions publiques des habitations destinées aux militaires anglais libérés ;

2° Réquisitionner certaines terres privées et les exproprier de gré à gré ou par autorité pour les réunir au domaine de la Couronne afin d'en faire la distribution à des militaires libérés.

Des mesures spéciales sont prises en vue
d'assurer une juste évaluation des terres ainsi
réquisitionnées ;

3° Concéder ces terres avec leurs habitations
et autres bâtiments aux militaires anglais
libérés ;

4° Réserver certaines étendues des terres de
la Couronne pour les soldats sans frais de pro-
cédure ou d'enregistrement ;

5° Consentir aux militaires concessionnaires
de terres des avances d'argent n'excédant pas
12.500 francs pour leur permettre d'exploiter
leur concession ;

6° Encourager les entreprises de culture en
participation ou par actions des militaires libérés et faire en faveur de ces entreprises des
avances individuelles d'argent aux associés
pour le paiement de leurs actions en prenant
des garanties sur la part de récolte afférente
à telles actions. Ces avances individuelles
n'excéderont pas 6.250 francs.

Tout militaire libéré peut obtenir une
concession de terre. Il doit pour cela s'adresser
à un Comité spécial, créé à cet effet, et dont un
des membres au moins sera un militaire libéré.
Ce Comité apprécie les aptitudes du candidat et

accorde ou refuse le certificat d'aptitude requis pour être agréé colon.

La quantité de terrain concédée est fixée par les règlements d'administration [1].

Le taux de l'intérêt des avances d'argent est de 3,5 % pour la première année, 4 % pour la deuxième, etc., avec augmentation d'un demi pour cent chaque année jusqu'à concurrence du taux légal. L'emprunteur peut être dispensé de faire aucun versement d'annuité pendant les trois premières années.

Le Gouvernement procède à des travaux d'amélioration des terres concédées pendant les trois premières années. Ces travaux sont considérés comme des avances d'argent ; et à ce titre ils sont payables par le concessionnaire en quarante ans par versements semestriels.

D'autre part le Gouvernement peut aussi, à même le fonds spécialement constitué à cet effet et dénommé « Fonds de l'établissement sur la terre des soldats libérés », faire des travaux d'amélioration, construire des habi-

---

(1) Ces règlements ne nous sont pas connus. D'après l'esprit général de la loi cependant, on peut penser que l'étendue des concessions est variable.

tations et autres bâtiments, installer des clôtures, etc.; sur les terres concédées aux militaires. Enfin le Gouvernement construit des
fermes-écoles et en organise le fonctionnement.
Les futurs colons apprennent dans ces institutions, l'agriculture, l'horticulture, la viticul-
ture, l'élevage pastoral, l'élevage du porc, des
volailles, les industries laitières, etc.

Les Conseils municipaux de l'État sont cons-
titués en Comités consultatifs. Ces Comités
renseignent le Ministère des Terres et des
Travaux publics sur les questions intéressant
l'établissement des militaires ; ils recherchent
les procédés les plus pratiques de colonisation et encouragent la propagation des bonnes
méthodes de travail parmi les militaires. Cette
loi s'applique à tout militaire libéré des armées
impériales ou coloniales anglaises.

AUSTRALIE DU SUD

Dans l'Australie du Sud, l'application de la
loi de l'établissement sur la terre des soldats
britanniques libérés est confiée au Comité pour
la colonisation des terres (*Lands Settlement Committee*), présidé par le Ministre du Rapatriement.

En pratique, on peut dire que la même méthode est suivie ici que dans Victoria. Le Comité pour la colonisation connaît de toutes les demandes de concessions, décide de l'aptitude ou de l'inaptitude des candidats et renvoie aux fermes-écoles, pour y faire un stage minimum d'un an, ceux des candidats qui ne paraissent pas suffisamment au courant des travaux de la terre.

Le Comité réquisitionne et exproprie des terrains privés pour les convertir en lots de colonisation destinés aux militaires; toutefois il ne procède à ces réquisitions qu'après bon examen des chances de succès des candidats colons.

L'État préfère en général surveiller les premiers travaux du colon, faire lui-même les premiers frais de l'exploitation et ne consentir ses avances d'argent (12.500 francs au maximum) qu'après s'être assuré de la bonne marche de l'entreprise.

On voit dans cette sollicitude éclairée et prudente des autorités australiennes, la pureté des intentions et la sincérité du dévouement qui préside à ces nobles activités. Ces hommes posent un problème, en définissent minutieu-

sement les termes. Leur calcul doit dans tous
les cas avoir une solution satisfaisante. « La vie
est une chose sérieuse », a dit Schiller.

Étant donné, d'une part, une bonne terre
(défrichée, assainie et clôturée par l'État) : on y
installe un travailleur courageux, ayant les
connaissances suffisantes et muni d'argent.
D'autre part, on assure à ce travailleur la
collaboration compétente des Comités consultatifs municipaux. Une pareille association de
facteurs efficients doit produire, selon toute
probabilité, des résultats mathématiquement
fructueux.

Le Comité fait, ainsi qu'il vient d'être expli-
qué, des avances d'argent à ses colons. Il prête
de même de l'argent aux fermiers en participation et aux sociétés par actions ou associations agricoles.

Les veuves des militaires morts à la guerre
peuvent obtenir des concessions de terre dans
les mêmes conditions que les hommes ; mais il
faut qu'elles aient des enfants en état de les
aider.

Il paraît que, dans le Sud Australien, ces
établissements sur la terre ont pris de grandes
proportions.

A la date du 9 mai 1918, le Comité du Sud Australien avait reçu 572 demandes sur lesquelles 25 seulement avaient été rejetées. Environ 20 % des candidats doivent faire un stage dans les fermes-écoles[1].

AUSTRALIE OCCIDENTALE

Le Gouvernement de cet État accorde en tout temps des *homesteads* ou concessions aux colons de toute provenance ; mais en faveur des militaires anglais libérés de la présente guerre, une législation toute spéciale a été adoptée après entente avec les divers États du Commonwealth.

L'Australie occidentale a pris des mesures très exactes en vue d'une colonisation par les militaires des terres spécialement réservées. Ces terres sont du reste concédées aux militaires et aux personnes à leur charge.

En outre, comme dans les autres États fédérés, l'Australie occidentale consent, par l'intermédiaire de la Banque agricole, des

---

[1] Ces renseignements m'ont été fournis directement par le Ministère de l'Agriculture, à Adélaïde (Australie du Sud).

avances aux colons qu'elle établit ; ces avances doivent servir à la mise en valeur des terres concédées.

Elle a, en outre, institué un « Fonds de Rapatriement » destiné à assister les militaires et leurs familles et à leur assurer la subsistance en attendant leur établissement définitif.

Signalons, en passant, la précieuse coopération de la Croix-Rouge britannique. Cette institution accorde des secours pour l'entretien des militaires de l'Australie occidentale, jusqu'au jour où leurs propriétés deviennent suffisamment productives pour assurer l'indépendance des propriétaires[1].

Des dispositions étaient prises pour assurer l'établissement sur la terre de 8.850 militaires ou marins à la fin de 1918. Ces 8.850 colons se classent en :

8.000 agriculteurs, producteurs de céréales ou éleveurs ;

850 horticulteurs, maraîchers et laitiers.

---

[1] Voir *What the Dominions are doing for Ex-service Men*, feuille n° 10 de l'*Empire Land Settlement Committee* publiée sous le patronage du Royal Colonial Institute, chez W. H. Smith and Son, imprimeurs, Arden Press, Stamford St., Londres, S. E.

L'avance d'argent consentie à chaque colon ne doit pas excéder 12.500 francs.

D'autre part, des institutions d'éducation professionnelle sont établies pour les militaires où l'apprentissage des industries rurales se fait sous la direction d'experts.

Quant à la rééducation professionnelle des mutilés inaptes à la vie des champs, les études préalables sont en voie d'achèvement.

Les autorités ont procédé à une enquête approfondie dans les écoles d'Angleterre et de France, et les premières maisons de rééducation technique ouvriront incessamment leurs portes aux invalides qui se destinent aux carrières industrielles ou commerciales.

TASMANIE

Le Gouvernement qui siège à Hobart a également réservé certaines portions de terres pour l'établissement des soldats libérés selon le modèle des autres grandes colonies.

La Tasmanie cherche à orienter les militaires vers l'agriculture et l'horticulture.

NOUVELLE GALLES DU SUD

Cet État a également tracé un programme pour le rétablissement civil des militaires libérés, mais je n'ai encore reçu du Gouvernement de cette colonie que des renseignements incomplets. Les documents annoncés ne me sont pas parvenus.

CHAPITRE X

AFRIQUE DU SUD

LE Gouvernement de l'Union sud-africaine, pour des raisons politiques, ne semble pas être en état de faciliter dans une grande mesure l'établissement sur la terre des militaires britanniques libérés de la guerre[1].

D'autre part, les conditions économiques et climatériques sont, en réalité, moins favorables à l'immigration que dans les autres colonies anglaises.

Et puis, la bourgeoisie d'origine hollandaise y est réfractaire à l'accroissement de la population exotique.

Quant à la main-d'œuvre pour les entreprises agricoles et minières, la population indigène paraît être très suffisante.

---

[1] Voir *The After-War Settlement and Employment of Ex-service men in the overseas Dominions* (Rapport de Sir Rider Haggard), déjà cité p. 8.

Bref, aucun projet de colonisation assistée n'a pu être formé officiellement par le Gouvernement sud-africain.

On recommande surtout aux militaires réformés, désireux de s'établir dans ce pays, de ne pas tenter l'entreprise sans capitaux.

Toutefois, ceux qui désireraient aller s'y créer un avenir dans la culture sont soumis à la loi générale sur la colonisation des terres de 1912.

Ce que les pouvoirs publics ne sont pas en état de faire, l'initiative privée a cependant offert de l'exécuter. Une société foncière, la *Sundays River Settlement*, offre 2.000 acres de terre (soit 800 hectares) à subdiviser en lots de 20 ou 40 acres. Ces lots sont mis en vente à la moitié de leur valeur.

La Compagnie construit des habitations d'une valeur de 2.500 francs chacune.

La valeur moyenne du terrain ainsi bâti est de 875 francs l'acre. Le prix d'achat se paye par versements échelonnés sur un certain nombre d'années.

La terre sera défrichée et labourée par les soins de la Compagnie. Ces terres sont propres à la culture de la luzerne et des fruits; elles rapportent annuellement 2.500 francs par acre et même, dans les bonnes années, plus de 6.000 francs.

D'autres Compagnies privées ont également mis d'importants domaines à la disposition des militaires britanniques[1].

SUD-OUEST AFRICAIN ALLEMAND

Bien que le sort de cette colonie allemande ne fût pas définitivement fixé à l'époque du voyage de Sir Rider Haggard, celui-ci a tenu néanmoins à la signaler au *Royal Colonial Institute* en citant l'opinion du général Botha sur la nature du sol et la qualité du climat.

Si, à la paix, cette colonie allemande reste en possession de l'Angleterre, il est probable qu'on y taillera de jolis domaines pour les militaires britanniques.

Quoi qu'il en soit, les richesses de cette colonie ont été très consciencieusement inventoriées par un ingénieur[2], dès les premiers mois de l'occupation anglaise.

---

(1) Voir les appendices C. D. E. F. au Rapport de Sir Rider Haggard, déjà cité pp. 54-63.

(2) Percy Abert Wagner. — *The Geology and Mineral Indus-*

Rhodésie du Sud

La puissante Compagnie Britannique de l'Afrique du Sud (*British South Africa Company*) concessionnaire de la Rhodésie et en qui se concentre le Gouvernement de ce pays, a offert un important domaine de 500.000 acres destiné à être distribué gratuitement aux militaires anglais.

La moitié de ce domaine se trouve dans la Rhodésie septentrionale.

Les 250.000 acres de la Rhodésie du Sud ont une valeur de 1.850.000 francs.

La Compagnie divisera ces terrains en lots de 2.000 acres chacun. Ces terres sont propres à la culture générale.

Chaque colon devra faire un apprentissage préalable.

Il faut à chaque colon un capital minimum de 25.000 francs pour entreprendre l'exploitation de sa concession.

Les colons sont sous la direction de la Com-

---

try of S. W. Africa, présenté aux deux Chambres du Parlement sud-africain, par l'honorable Ministre des Mines et de l'Industrie. Imprimerie du Gouvernement, à Pretoria, 1916.

pagnie dans les débuts de l'établissement.

Un riche propriétaire de ce pays, M. T. Mei-kelo, offre à dix colons agréés par la Compagnie et ne possédant pas individuellement un capital initial de plus de 25.000 francs, un outillage composé de : une paire de bœufs dressés, une paire de bœufs non dressés, un chariot et vingt-cinq têtes de bétail (moyennant le tiers de leur revenu).

L'usage de cet outillage est accordé gratuitement pendant cinq ans à chacun des dix concessionnaires susdits [1].

D'autres sociétés ont fait des offres de terres gratuites dans des conditions similaires. Ce sont, entre autres :

La *Rhodesia Railways Co ;*

La *Mashonaland Agency ;*

La *Willoughby's Consolidated Co.*

Il en est d'autres encore qui ont donné des terrains destinés à être vendus à des militaires anglais à des prix excessivement réduits. Ce sont par exemple :

---

[1] Voir *War Settlement in Southern Rhodesia*, publié par le Département de l'Agriculture, chez Argus P. et P. Co ltd. à Salisbury (Rhodésie), 1917.

La *Farm lands of Rhodesia ltd*;

La *Gold Fields Rhodesian Development Co*;

La *New Buluwayo Syndicate ltd*;

La *Crescens (Matabele) Mines and Land Co ltd*.

La *Exploring Lands and Minerals Co*.

Mentionnons encore la *North Charterland Africa Company* qui a offert aux militaires anglais dix fermes de 1.000 acres chacune au prix modique de 1 fr. 50 l'acre. Ces terres sont propres à la culture du tabac et du coton. Les colons doivent, pour mettre ces domaines en valeur, posséder un capital initial de 18.000 francs au minimum[1].

L'Est Africain

Le Gouvernement de cette colonie siégeant à Nairobi n'a encore adopté aucune mesure spéciale en faveur des soldats britanniques. Ceux qui désireraient s'établir dans cette colonie sont soumis aux règlements généraux

---

(1) Voir *What the Dominions are doing for ex-service men*, feuille n° 10, publiée par le Royal Colonial Institute pour l'*Empire Land Settlement Committee*, chez W. H. Smith and Son, imprimeurs, Arden Press, Stamford St., Londres S. E.

sur la colonisation : achat d'une terre de 320 acres au maximum (128 hectares) ; capital minimum dont tout colon doit être pourvu : 10.000 francs.

Outre les 128 hectares dont un colon peut devenir propriétaire, toute quantité de terrain peut être acquise par bail de 33, 66 ou 99 ans à rente annuelle progressive allant de 0 fr. 05 l'acre à 0 fr. 80 pour les premières trente-trois années. A la fin du second bail de trente-trois années, la rente peut s'élever à 2 fr. 25 l'acre [1].

Voilà ce que nos alliés britanniques ont déjà fait pour le rétablissement civil de leurs combattants.

Il serait oiseux de revenir sur l'intérêt général que cette politique sert. Si, par cette politique, l'Angleterre accroît sa puissance et sa grandeur, nous ne devrons pas en être jaloux. Au lieu de piétiner sur place, elle préfère aller de l'avant, suivant en cela la commune destinée des êtres conscients et courageux.

_____

(1) Voir *Id.*, pp. 9-10.

La bonne politique sociale qui consiste à assurer à tout ouvrier valide une existence heureuse par le travail personnel, libre et discipliné doit nécessairement élever le niveau général de la communauté et augmenter la puissance de l'État en vue de nouvelles ascensions vers le bonheur et la sécurité.

Il y a un principe de droit romain que les Anglais ont incorporé dans leur jurisprudence et qui pose que la loi favorise non les dormeurs mais les vigilants[1]. Il faut travailler sans cesse et veiller. L'Empire, le Royaume, la Colonie, l'État, la Province, la Municipalité, la Commune doivent, dans une organisation politique bien comprise, travailler chacun dans sa sphère, à son développement particulier et au progrès général du Tout national. Chacune des corporations constituantes doit mettre en valeur la plénitude de ses facultés avec libre initiative.

Sous ce rapport l'éloge de la démocratie anglaise, respectueuse des prérogatives des corporations, n'est plus à faire.

L'esprit politique est tel que, tout en récla-

---

(1) *Lex vigilantibus non dormientibus adjuvat.*

mant pour l'individu le droit d'opiner dans les choses qui touchent aux intérêts de sa corporation limitée, il conserve un respect religieux pour l'autorité légitime et un amour invariable pour la Patrie qu'il se garde de trahir.

L'Angleterre, après cette guerre, doit voir grand, dit M. W. Dawson, l'éditeur de *After-War Problems*[1]. Son activité doit avoir de grands objectifs en vue, « mais pas si grands qu'ils se perdent dans les nuages ».

Tout le monde comprend ce que cela veut dire.

---

[1] *After-War Problems* (les problèmes de l'après-guerre), recueil d'articles écrits par un groupe de personnalités anglaises telles que Lord Cromer, le vicomte Haldane, l'Évêque d'Exeter, le Prof. Marshall, etc. Édité par M. W. H. Dawson et publié chez Geo. Allen et Unwin, Ruskin House, 40. Museum St. Londres W. C. 1.

DEUXIÈME PARTIE

CHAPITRE PREMIER

QUE FERONS-NOUS EN FRANCE ?

PLUTARQUE raconte que Cyrus le jeune, pour décider les Lacédémoniens à faire alliance avec lui et à lui envoyer de leurs hommes de guerre, promettait à ceux qui viendraient à pied qu'il donnerait des chevaux ; à ceux qui auraient des chevaux qu'il donnerait des chariots ; à ceux qui auraient des métairies qu'il donnerait des villages ; à ceux qui auraient des villages qu'il donnerait des villes. Et en outre, quant à l'or et à l'argent, qu'il leur en baillerait tant qu'il le faudrait peser et non pas compter.

Il en fut à peu près ainsi de tout temps.

Les diverses époques de l'histoire qui brillent par quelque progrès sont marquées, hélas! de vigoureux coups d'épées. *Homines detrimento admonentur.* Et les coups d'épées furent toujours récompensés.

Je n'entreprendrai pas de faire l'historique des guerres avec l'énumération des hautes payes, du butin, des monopoles, privilèges, concessions et gratifications dont les guerriers ont été dans tous les temps les bénéficiaires.

Aujourd'hui nous voyons des officiers français distribuer, de leurs deniers, des secours aux victimes de la guerre, et des présents à leurs hommes (chocolat, cigares, pipes, etc.) et les appeler « mes enfants ».

Ils font en petit ce que Cyrus faisait en empereur et roi. Ce simple trait montre avec évidence que le maître dans tout groupement humain est celui qui peut avoir pour les autres un cœur de père. En temps de guerre celui qui par dessus ce groupe prétend à quelque autorité est un usurpateur ; celui-là n'a pas d'enfants et est par conséquent sans puissance naturelle.

Qui est virtuellement le souverain des peuples ligués aujourd'hui contre l'Allemagne ? — De l'aveu de M. Wilson même, c'est le maréchal Foch.

C'est dans les jours de calamité que de tout

temps les souverains ont mérité les qualificatifs de *père du peuple*, de *bon*, de *grand*, de *magnifique*.

Les démocraties sont-elles capables d'exercer à l'égard du pauvre peuple décimé, pillé, rançonné et bâtonné par l'ennemi une pareille autorité et de mériter uu prestige semblable?

Peuvent-elles donner des chevaux, des métairies, des villages à ceux qui les ont sauvées de la ruine et de la mort?

Peuvent-elles comme les chefs naturels d'États leur peser des monceaux d'or? Peuvent-elles seulement comme, le sénat romain, cultiver les terres de Régulus pendant que Régulus combat contre Carthage?

Espérons-le, mais n'y comptons pas trop.

Pourtant la plus vieille « démocratie » de notre monde moderne, l'Angleterre, ne s'est pas révélée trop marâtre à l'égard de ses défenseurs.

Nous l'avons vu dans les pages précédentes. Les *Tommies*, les *Anzacs*, les *Canadiens*, après avoir touché de substantielles soldes, se sont vu gratifier des chevaux, des chariots, des métairies.

Quant aux capitaines, on peut être assuré

qu'ils recevront comme leurs devanciers de magnifiques domaines et des rentes[1], des monceaux d'or et des vicomtés.

Le maréchal French a été créé Baron d'Ypres après la bataille de l'Yser. Sir Dou-

---

[1] Rappelons ce que l'Angleterre a fait pour ses derniers généraux. Le duc de Marlborough reçut, après ses exploits en Europe, un revenu de 39.825 livres sterlings, soit près d'un million, par an ; sa femme eut des fonctions à la cour qui lui valurent 235.000 francs annuellement. A Nelson, le Parlement anglais donna, avec la pairie, une pension de 50.000 francs jusqu'à la troisième génération (sur une tête); au frère de Nelson même, qui succéda au vainqueur de Trafalgar dans la pairie, il fit une donation de 2.250.000 francs « pour le mettre en état d'acheter un manoir avec des terres » et une pension de 125.000 francs. A Wellesley, qui joua son rôle dans l'écrasement de l'empire napoléonien, l'Angleterre donna sans compter. Wellesley fut successivement fait Baron en 1810 (50.000 francs de pension); Marquis en 1812 (don de 2.500.000 francs pour l'acquisition d'un domaine); enfin Duc de Wellington en 1814 (pension de 825.000 francs ou 10.000.000 francs en capital, au choix, pour l'achat d'un domaine en rapport avec sa dignité); finalement le Parlement lui fit don du domaine de Straithfieldsaye d'une valeur de 6.875.000 francs. Wolseley, le conquérant des Ashantis, reçut en 1873 les remerciements officiels du Parlement et une donation de 625.000 francs « pour son courage, son énergie et sa persévérance » ; en 1882, il est fait Baron de Wolseley du Caire et, en 1883, Vicomte. Lord Roberts, pour ses succès aux Indes et au Transvaal, reçut le titre de Comte de Kandahar et Pretoria avec un présent de 2.500.000 francs « pour ses services dans le Sud africain ». Kitchener fut créé Baron en 1898 après Karthoum ; avec la pairie, il reçut les remerciements du Parlement et une grati-

glas Haig sera sans doute Vicomte de Lille.
On accole déjà, dans la presse anglaise, au
nom du général Townshend, celui de Kut
(pour Kut-el-Amara).

Joffre, Foch, de Castelnau, Pétain, Mangin,
Debeney, Guillaumat, Berthelot, Franchet
d'Esperey et tant d'autres chefs illustres rece-
vront-ils autre chose que des hochets honorifiques
et la reconnaissance platonique du peuple ?

Et les soldats, ces soldats français, qu'au
dénombrement, Homère eût fait venir de la
superbe Mycènes, de la riche Corinthe, de
Cléone bâtie avec art et qu'il eût rangés
« comme les plus nombreux et les plus vail-
lants » sous les ordres d'Agamemnon, quelle
sera leur part du butin ? Quelles récompenses
leur donnerons-nous, nous peuple-Roi, pour
avoir sauvé notre vie, nos foyers et nos
champs ?

N'anticipons pas sur les événements. Mais
ne nous bornons pas non plus à dire que la

---

fication de 750.000 francs : enfin, après avoir été chef d'État-
Major en Afrique du Sud, puis commandant en chef, il est
fait Vicomte de Khartoum et reçoit une autre gratification
de 1.250.000 francs et les remerciements officiels du Parlement.

gloire suffit aux Français, surtout si, avec la
guerre, nous abolissons la gloire pour toujours.

Lord Northcliffe a noté dans son livre *At the
war* les réflexions des soldats dans les tranchées : « les hommes s'occupent de diverses
choses, dit-il. Mais la question de la terre les
intéresse particulièrement. Ils ne retourneront
pas au pays pour être travailleurs ou tenanciers, mais pour être propriétaires[1]. »

Sir Douglas Haig fait faire une enquête sur les
aspirations des hommes après la guerre. Un
questionnaire est distribué dans les tranchées[2].
Notez que l'Angleterre n'est pas un pays agricole. Or, près de 20 % des soldats répondent
qu'ils désirent s'établir sur la terre[3].

Le Gouvernement anglais ne fut pas long à
comprendre, ainsi que nous l'avons vu.

De leur côté, les colonies anglaises sont en-
chantées. Elles entrevoient une recrudescence
de colonisation britannique inespérée.

D'autre part, les républiques sud-améri-

---

(1) *At the war*, par Lord Northcliffe, p. 102, chez Hodder et
Stoughton, Londres, 1916.
(2) Voir ci-dessus, p. 32.
(3) Voir *British agriculture, the nation's opportunity*, déjà
cité, p. 41.

caines songent à capter une partie de ce courant migrateur. Et comme elles recherchent
particulièrement le colon français, elles commencent déjà à faire miroiter aux yeux de nos
soldats les attraits de leur pays. Certains États
de l'Amérique du Sud n'offrent-ils pas à payer
le passage de ceux qui consentiront à s'expatrier?

L'Allemagne elle-même, qui n'a pas perdu
tout espoir de coloniser quelque part, prend
des mesures pour retenir chez elle tout son
monde après la guerre. Des dispositions sont
prises en effet, pour que, du fait de son émi-
gration, tout propriétaire voie ses biens frappés
d'une obligation à caractère hypothécaire,
destinée à la nullifier.

Quant à nous, reste à savoir si, après avoir
guéri nos blessures, nous ferons autre chose
qu'une éternelle convalescence.

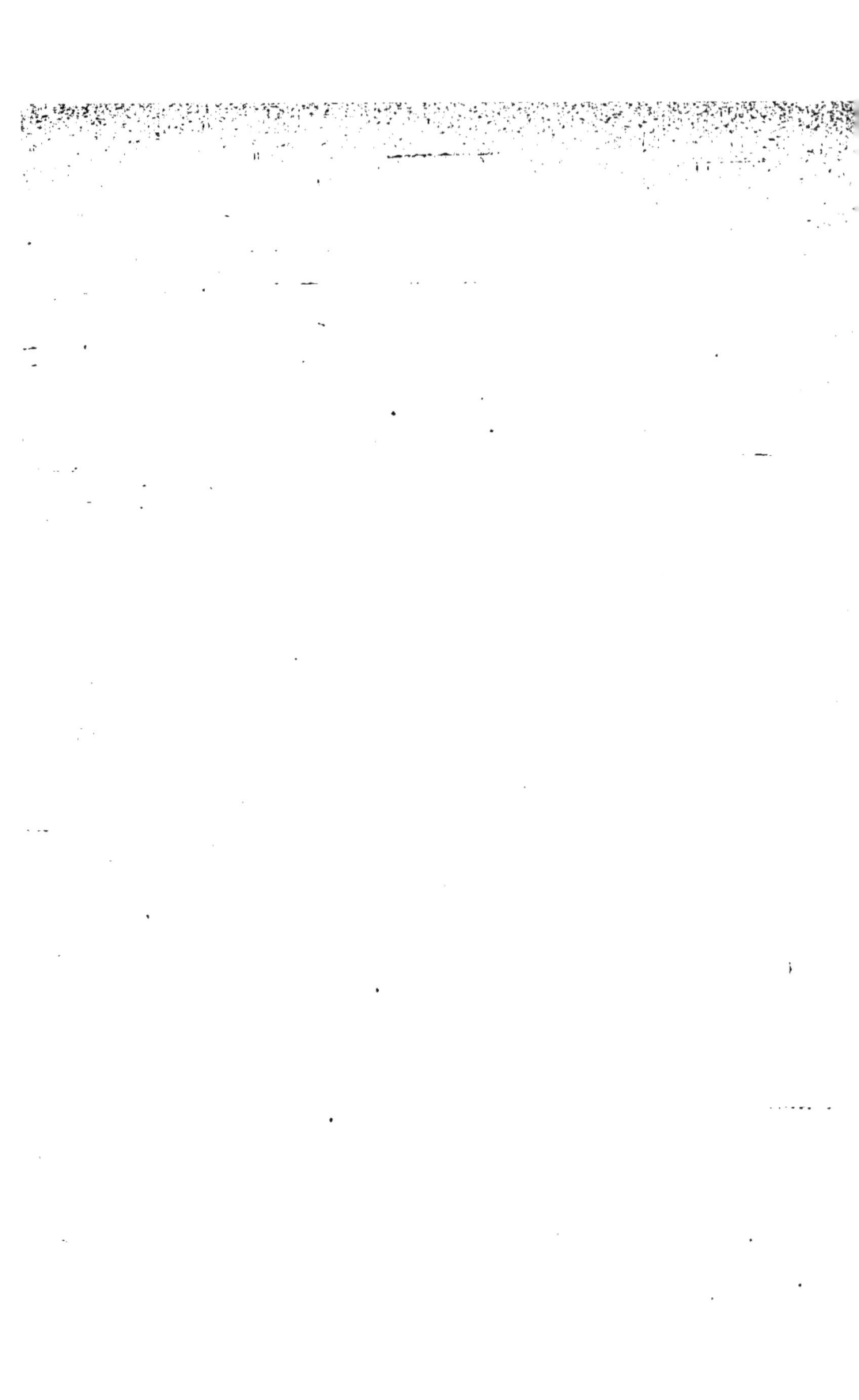

CHAPITRE II

LES CONDITIONS PREMIÈRES DE NOTRE ACTION

Que ferons-nous de notre côté pour rattacher à la patrie les millions de combattants qui oseront penser sérieusement à eux-mêmes, après avoir perdu cinq ou six années de leur existence?

Hélas! n'est-il pas à craindre que nous ne fassions rien! A voir le peu d'empressement que mettent nos législateurs à légiférer utilement, n'est-on pas porté à désespérer?

M. Henri Chéron, ancien Ministre, n'écrivait-il pas à la date du 13 octobre 1918, que « des milliers de réformés nº 2, des orphelins, des veuves, des ascendants et par-dessus tout, de grands invalides de la guerre attendent la loi des pensions militaires avec impatience¹ » ?

_____

(¹) Voir le journal *Le Petit Parisien* du 13 octobre 1918.

Un projet de loi sur le remembrement de la propriété rurale dans les pays dévastés, présenté à la Chambre en janvier 1917, voté par le Sénat et rapporté le 20 novembre 1917, n'a pas encore été examiné par la Chambre des députés[1].

Nous avons montré ce que l'Angleterre a déjà fait pour ses combattants, dans l'espoir qu'à cet exemple, les autorités françaises se décideront peut-être à entrer dans la voie des réalisations[2].

Pourtant, M. Victor Boret, Ministre de l'agri-

---

[1] Voir le journal *La Libre Parole* du 20 octobre 1918.

[2] Tout a été dit sur l'incapacité spécifique de cet être artificiel et incompétent qu'est le Parlement. Un de ses membres les plus consciencieux, M. Joseph Denais, en a fait le portrait dans une page mémorable de *La Libre Parole* (21 octobre 1918). En lisant ce réquisitoire accablant, on se demande comment l'intelligence française peut s'accommoder de pareille institution. Après avoir parlé de la simultanéité des séances des Commissions et de la Chambre et de l'ubiquité des membres, qui doivent être théoriquement présents à chacune des séances, il dit : « Il n'y a pas *une assistance* qu'un orateur puisse convaincre; il y a des *passants* qui entrent et qui sortent. Du coup, la discussion perd beaucoup de sa valeur; elle se transforme en une vaine apparence, et son inanité encourage tous les bavards, tous les prolixes, tous les assoiffés de réclame et de ce qu'on appelle dans la maison *le battage électoral...* En fait, malgré un labeur énorme, la Chambre donne un rendement à peu près nul. »

culture et du Ravitaillement, nous a promis de sérieuses réformes[1].

Il est persuadé que « de l'agriculture seule, on peut attendre le relèvement de la France... Cette agriculture ne sera pas du tout celle d'hier. »

Ses réformes seront basées sur « l'industrialisation et la commercialisation de l'Agriculture ».

Il affirme que les agriculteurs ont appris beaucoup de choses de leur contact avec les Anglais et les Américains.

Peut-on espérer que si les Anglais et les Américains et même les Allemands ont de bonnes méthodes, nous chercherons simplement à les imiter ?

Donner des terres aux combattants n'est pas chose impossible en France. Le Français a un naturel attachement à la terre. Il n'y a pas un pays où il y ait plus de propriétaires qu'en France. Aussi est-on en droit de penser que les combattants français ne seront pas moins désireux que leurs frères anglais de s'adonner,

---

(1) Voir sa note officielle du 22 novembre, publiée en partie dans *le Temps* du 28 novembre 1918.

après la guerre, à la culture, à l'élevage et aux industries rurales.

Hélas, la vérité est tout autre.

Les conditions de la vie agricole n'étaient pas attrayantes avant la guerre. On fuyait la campagne ; le paysan délaissait l'agriculture, malgré son affection pour la terre. Ceux qui y restaient attachés bornaient leur ambition à une activité restreinte.

Tous ces faits sont connus. Ils sont indéniables. Depuis quatre-vingts ans, les importations de froment ont constamment augmenté en France : de neuf millions d'hectolitres que nous importions dans la décade de 1831-1841, nous avons passé à cent cinquante-deux millions dans celle de 1882-1891, tandis que notre exportation de grains et farines tombait de quatre à deux millions d'hectolitres ; ce qui a fait dire à l'auteur de l'Enquête décennale de 1892 : « La France est un pays importateur de blé ; elle l'est de plus en plus... Les besoins de la consommation s'accroissent plus rapidement que la production[1]. »

----

[1] *Statistique agricole de la France*. Résultats généraux de l'enquête décennale de 1892. Introduction, p. 114.

Quant à la culture de la vigne, mêmes constatations : la superficie cultivée en vignes en 1862 était de 2.321.000 hectares ; en 1882, elle tombait à 2.197.000 hectares, soit une diminution de 124.000 hectares ; en 1892, elle s'abaissait à 1.800.000 hectares, soit une diminution de 521.000 hectares en vingt ans[1].

A l'heure actuelle, ces conditions ont empiré et la vie agricole est devenue impossible sur la petite propriété et extrêmement difficile sur la moyenne propriété.

Les causes de cette décadence de notre agriculture, nous ne prétendons pas les énumérer toutes ; mais il ressort des observations des économistes et des agronomes que le mal dont la campagne de France souffre, gît principalement dans l'application centenaire de l'article 832 du Code civil, d'après lequel chacun des co-héritiers peut demander sa part en na-

---

[1] *Id.*, p. 242. Ces diminutions se produisent dans les départements essentiellement viticoles : Aude, Dordogne, Lot, Pyrénées-Orientales, Charente-Inférieure, Charente, Gers, Lot-et-Garonne, Haute-Saône, Côte-d'Or, Tarn-et-Garonne, Tarn, Saône-et-Loire, Loire-Inférieure. Dans l'Aude, la diminution de 1882 à 1892 est de 31 % ; dans la Dordogne, de 76 % ; dans le Gers, de 16 % ; dans la Charente-Inférieure, de 49 %. (*Id.*, p. 235.)

ture des meubles et immeubles de la succession.

A la mort de A..., propriétaire de quatre parcelles de terre situées aux quatre coins de la commune, ses quatre héritiers peuvent exiger le partage de chacune des parcelles. Donc, nouveau morcellement en seize parties. Si même chaque parcelle est en double nature de culture, par exemple, si le lot n° 1 est en blé et avoine, le lot n° 2 en orge et seigle, le lot n° 3 en jardin et pré, etc., chaque héritier a droit à une part de chaque nature de culture. Ainsi, l'héritage de A... sera morcelé en trente-deux portions.

Ce mal s'appelle le morcellement, le parcellement, la dispersion des terres. D'après la statistique agricole de 1882, les 5.672.007 exploitations agricoles relevées pour la France comprenaient 125.214.671 parcelles culturales, soit 22 parcelles par exploitation, chaque parcelle étant d'une superficie moyenne de 39 ares.

Une autre cause de la déchéance de l'agriculture se trouve dans l'hostilité au progrès matériel et aux applications des méthodes scientifiques.

On sera peut-être étonné d'entendre dire que cette attitude est particulière aux régimes démocratiques. Pourtant, si on examine impartialement les résultats acquis dans d'autres pays, on ne peut qu'être étonné de voir combien cette thèse est plausible.

En Angleterre, on l'avoue très nettement[1].

Bref, le remembrement de la propriété rurale, la vulgarisation des méthodes scientifiques de culture, l'usage des instruments perfectionnés, l'institution du crédit, le peuplement rationnel des colonies, tels sont les problèmes primaires que nos gouvernements n'ont pu résoudre.

Et c'est quand la France est de cinquante ans en retard sur le Danemark, la Suède, la Nor-

---

[1] « Dans leur chasse aux suffrages, aux bulletins de vote, les politiciens des deux partis ont constamment flatté et les patrons et les ouvriers. Ils ont dit aux employeurs que l'Angleterre est le plus riche pays du monde et que son industrie est loin en avance sur celle des autres pays. Loin d'empêcher les ouvriers de restreindre leur production au minimum, ils les ont encouragés dans cette voie du suicide par leur législation. Pour gagner de la popularité et des votes, le politicien a encouragé le relâchement et des employeurs et des employés; il s'est opposé à l'organisation moderne et aux progrès modernes. » Voir J. Ellis-Barker, *The Great Problems of English Statesmanship*, pp. 245-246. Londres, John Murray, 1917.

vège, l'Allemagne, etc., dans ce que Montes-
quieu appelle le *commerce économique*, que
vous songez à distribuer des terres et à faire
marcher notre pays de pair avec les États pro-
gressifs?

Assurément. Car la nécessité qui nous a déjà
valu de bonnes réformes pourra peut-être
nous mettre un jour dans la voie normale.

Or, nous sommes en face d'une nécessité qui
ne transige pas, à savoir le nouveau régime
économique né de la guerre.

CHAPITRE III

LE REMEMBREMENT DE LA PROPRIÉTÉ RURALE

LA désaffection pour la terre qui s'est manifestée depuis un quart de siècle est devenue, avec la guerre, une sorte de haine. Je ne parle que du petit propriétaire, car pour le grand propriétaire et même le moyen, c'est tout le contraire : on constate un retour caractérisé vers la campagne.

M. Albert Le Boulicaut dit que la principale préoccupation du cultivateur blessé pendant son séjour dans les hôpitaux est de tenter démarches sur démarches pour obtenir une situation à la ville[1].

Cette tendance à fuir la campagne nous est

---

[1] Albert Le Boulicaut, *Les grands blessés du lieutenant Ressler (rééducation professionnelle des agriculteurs)*, p. 24. Paris, Beauchesne, 1917.

révélée sous une forme saisissante par le journal du Centre de réadaptation aux travaux agricoles des blessés de la guerre[1]. D'après cette publication, les statistiques établissent que 14,5°/₀ seulement des mutilés ont demandé à passer dans les établissements agricoles de rééducation, tandis que 60,9 °/₀ se portaient du côté des métiers industriels. L'auteur de cet article ajoute : « Quel péril n'y a-t-il pas là dans un pays qui comptait avant la guerre une proportion de 60 °/₀ d'agriculteurs ! »

D'autre part, on constate, avec un accroissement de la valeur des terres[2], un retour assez sensible des grands propriétaires à l'exploitation agricole[3].

Nous sommes donc en présence d'un double phénomène : le petit agriculteur fuit la cam-

_____

(¹) *Le Foyer de Grignon*, numéro de septembre 1918. — Voir aussi *La vie agricole et rurale*, année 1917, p. 401, un article de M. Pierre de Trevières intitulé *La désaffection des paysans pour la terre*, chez Baillière et fils, Paris, 1917.

(²) Voir dans *La vie agricole et rurale*, année 1916, p. 237, un article de M. V. Vidal sur la *Plus-value de la propriété rurale après la guerre* et p. 281 une étude de M. G. Fasquelle sur l'*Agriculture après la guerre*.

(³) M. V. Vidal l'a noté dans un article de la *Vie agricole et rurale*, année 1916, p. 487.

pagne, tandis que le *grand terrien* et même le bourgeois sont, au contraire, attirés vers elle.

L'explication de cette situation est facile : c'est que la petite culture, étant devenue impossible par suite des conditions nouvelles de la vie, tend à disparaître pour faire place à la grande exploitation. La petite propriété, exploitée par des procédés primitifs, cède le pas à la grande culture. On s'apitoiera sur le sort réservé à cette bénédiction qu'était pour la France : la petite culture.

C'est le progrès ! paraît-il. Pleurons-la ; mais faisons-en aussi notre deuil.

Aux vertus antiques, aux pénibles labeurs, aux ambitions modestes doivent succéder la frénésie croissante de la concurrence vitale et du machinisme.

Place à la motoculture, aux chimistes, aux principes ! Arrière la houe, la faulx à bras et le caprice ! La guerre a ainsi géhenné le petit cultivateur.

Le capitaliste, de son côté, a vu dans cette tourmente comme les langues de feu qui lui confèrent l'esprit des temps nouveaux et qui l'appellent à faire fructifier la terre.

Nos agriculteurs sont attachés au sol par

goût, par tradition et par prudence. Pour gar-
der leur terre, si morcelée et par conséquent
d'une exploitation si pénible, le paysan français s'est imposé une somme de labeur comme
on n'en peut pas trouver d'exemple à l'étranger.
Cette obstination à vouloir exploiter irration-
nellement un damier de terres dont l'exiguïté
de certaines portions ne souffre que trois ou
quatre sillons, est tout à l'honneur du cultivateur français.

Mais aujourd'hui, le coût de la vie a doublé
et triplé ; les articles manufacturés coûtent
trop cher au paysan. Si vous voulez que le cultivateur vous vende du blé, il faut lui donner
les moyens d'en produire. Or, pour cela, il
faut une révolution complète dans l'agriculture,
sinon vous n'aurez que les grands agriculteurs
et l'étranger pour alimenter la France. Les
petits propriétaires afflueront dans les villes
où les industries vont prendre un essor prodi-
gieux et où les hauts salaires exerceront un
attrait irrésistible.

Il faut s'attendre aussi à un exode regrettable
vers l'étranger.

Si l'agriculteur a dorénavant besoin de deux
ou trois fois plus d'argent pour vivre, est-ce à

dire qu'il devra vendre ses produits deux ou
trois fois plus cher? Cela est possible pendant
une année ou deux après le rétablissement de
la paix, mais la concurrence étrangère rede-
viendra plus âpre, car il n'est pas probable que
les produits du sol dans les Amériques et
même en Europe (en Russie notamment)
restent aux prix exceptionnels qu'ils ont atteints au cours de la catastrophe. Les terres
sont trop vastes, l'utilisation des machines perfectionnées et le crédit agricole ont pris un
trop grand essor, surtout en Amérique, pour
que ces pays ne produisent pas en surabon-
dance. Le marché de l'Angleterre ne nous sera
plus si accessible, du fait de l'extension nouvelle de l'agriculture en Irlande, dans les
Colonies et en Angleterre même.

Il est bien question en Angleterre d'accorder à la France, pendant la période de recons-
titution, le tarif préférentiel institué en faveur
de ses colonies.

Mais ce n'est là qu'une gracieuse charité dont
nous ne saurions nous accommoder.

Il faudra donc compter sur un abaissement
des prix des céréales et des légumes. Or, un
abaissement du prix des produits agricoles si-

gnifie, pour notre agriculture handicapée, la misère et la ruine.

On connaît les causes anciennes et nouvelles du marasme qui étouffe notre vie agricole : « la division souvent excessive des terres, la pauvreté relative de la plupart de nos agriculteurs, la difficulté que l'on éprouve de se procurer les capitaux nécessaires à la culture rendent fort difficile l'introduction des instruments perfectionnés et des procédés rationnels. Si l'esprit d'association, si favorable à toutes les entreprises de l'industrie, s'introduisait dans nos campagnes, nous verrions bientôt ces obstacles s'aplanir avec facilité. »

Ne dirait-on pas que cette énumération est d'hier ? Elle est pourtant de 1836[1].

Le redressement de tous ces torts causés à l'agriculture doit s'opérer par la création de la grande culture. Il faut donner des terres aux petits cultivateurs.

Voyons si cela est possible.

La première tâche à accomplir est le rema-

------

(1) Voir *La Maison rustique* (Encyclopédie d'Agriculture pratique), t. IV, p. 378. Paris, 1836.

niement ou regroupement des terres[1] ; l'agrandissement des domaines suivra.

Dès 1824, le gouvernement du nouveau régime s'inquiétait des difficultés de la culture, dues au morcellement excessif des terres ; il abolissait les droits d'enregistrement sur les échanges faits en vue du regroupement des parcelles et réduisait ces droits à un franc.

En 1865 fut adoptée une loi, complétée en 1888, instituant les associations syndicales agricoles dont l'objet était d'améliorer l'agriculture. Cette loi permettait aux propriétaires intéressés aux divers travaux d'amélioration prévus de se réunir en associations syndicales ; mais il fallait à ces associations la reconnaissance d'utilité publique par le Conseil d'État. D'autre part, on avait introduit dans cette loi des dispositions restrictives, en vue de sauvegarder un des principes posés dans les *Droits de l'homme*, à savoir que « nul ne peut être

---

[1] M. de Carbaussel dit que le remembrement des terres apparaît comme la condition *sine qua non* du développement de la culture mécanique et, par conséquent, comme un facteur essentiel de notre production agricole (*La Vie agricole et rurale*, année 1917, p. 257).

privé de la moindre parcelle de sa propriété sans son consentement[1]».

Bref, la loi fut inopérante.

En 1903, on a créé au Ministère de l'Agriculture le « service des améliorations agricoles » destiné à établir l'entente entre les propriétaires intéressés au regroupement des parcelles, à les conseiller, les guider en leur faisant comprendre l'opportunité des remaniements parcellaires par voie d'échange, de redressement des parcelles, de leur désenclavement, etc. Mais pour le bon fonctionnement de cet organisme, il eût fallu modifier la loi de 1865-1888[1]; ce qu'on avait oublié de faire.

Il a fallu arriver à 1914 ou plutôt 1917 pour aviser sérieusement.

Enfin, un projet de loi dite *loi Chauveau*, déjà voté par le Sénat en 1917, vient d'être adopté par la Chambre des députés, le 22 novembre 1918. Si l'on en juge par l'attitude du rapporteur de cette loi, il est à craindre qu'elle

---

(1) Voir le Rapport de M. Henri Fougère, député, sur le projet de loi sur le remembrement de la propriété rurale, n° 3534, p. 10. Chambre des députés. 1917.

(2) *La Vie agricole et rurale* (1917), article de M. de Carbaussel, p. 258.

ne soit pas beaucoup plus efficace que l'ancienne législation. M. Fougère dit, en pensant aux très heureuses législations adoptées à l'étranger : il faut repousser les moyens employés en Prusse contre le morcellement de la terre, « même en reconnaissant son utilité et son efficacité[1] ». !

Pourquoi ? — Voici.

Notre loi est démocratique et il faut lui maintenir ce caractère. Pour procéder à des remaniements, elle exige la majorité aux trois quarts des intéressés, représentant les deux tiers de la superficie payant plus des deux tiers de l'impôt foncier afférent aux immeubles, ou bien les deux tiers des intéressés représentant plus des trois quarts de la superficie et payant plus des trois quarts de l'impôt foncier.

La loi prussienne qui date de 1821 (modifiée à plusieurs reprises dans la suite) fait intervenir l'État plus directement et soumet, en outre, la minorité à la majorité. Mais en 1883, cet État est allé encore plus loin ; il a

---

[1] Rapport de M. Fougère, déjà cité, p. 10.

édicté que sur la demande du quart des propriétaires possédant plus de la moitié de la
superficie et plus de la moitié du revenu net
imposable, le remaniement dût se faire[1].

En Saxe, où on a employé les mêmes moyens
qu'en Prusse, les résultats ont été des plus
satisfaisants. L'agriculture suédoise, « grâce à
des mesures *draconiennes*, a prospéré dans les
plus notables proportions[2] ».

Mêmes constatations pour la Bavière et le
Wurtemberg.

En Alsace-Lorraine, tout en conservant notre
législation de 1865, une loi allemande prescri-
vit, en 1877, que les propriétaires intéressés au
regroupement des parcelles dans une localité
donnée, « qui n'assisteront pas à la séance ou
s'abstiendront de voter, seront considérés
comme donnant leur assentiment au remaniement projeté ». Malgré cette modification, le
morcellement subsista dans nos anciennes provinces, tandis que de l'autre côté du Rhin, les

---

(1) Voir l'article consacré par Henri Sagnier à la question
du *Morcellement* dans le *Dictionnaire d'Agriculture* (Encyclopédie agricole complète) de Barral, continué par Sagnier, chez
Hachette, 1889.
(2) Rapport Fougère, p. 47.

propriétés augmentaient de valeur « grâce au système de remembrement pratiqué par les Allemands[1] ».

C'est alors que l'Alsace-Lorraine réclama l'adoption des procédés allemands.

Or, la loi récemment adoptée chez nous ne veut pas aller au delà des principes allemands appliqués en Alsace en 1877.

Toutes ces expériences antérieures sont considérées comme sans valeur.

Vérité en deçà, erreur au delà du Rhin.

Pourtant, le remembrement de la propriété rurale s'impose plus que jamais. Il est d'une nécessité absolue.

Les populations du Midi l'ont reconnu depuis longtemps. Dans le Plateau Central, en Dordogne, en Aveyron, on est arrivé à tourner la loi en rétablissant en quelque sorte le droit d'aînesse.

Pour obvier au morcellement infini institué de par la Loi, les héritiers s'entendent à l'amiable pour « faire gendre » en créant un bien unique ou pour « faire oncle », c'est-à-dire

---

[1] *Id.*, p. 46.

en cédant leur part à l'aîné à qui ils fournissent leur travail.

Avouons que nous sommes bien en retard sur les autres pays, en ceci comme en beaucoup d'autres choses. Mais ne perdons plus de temps !

Il est urgent d'agir ; car cette réforme doit avoir des effets bienfaisants qui sont d'assurer aux cultivateurs une meilleure *surveillance* de leurs travaux, une *délimitation* plus nette des terrains, un *assolement* uniforme, une *économie* de temps, l'*utilisation* des machines et les *améliorations* agricoles essentielles[1]. Ajoutons que ce remembrement des terres entraînera un gain appréciable de terrain par la suppression des voies d'accès, des fossés, haies et bordures ; une plus-value considérable de la propriété et, par dessus tout, la possibilité de cultiver avec plus de perfection et de réaliser tous les progrès techniques modernes.

---

[1] Rapport Fougère, pp. 8-7.

CHAPITRE IV

QUELLES TERRES POUVONS-NOUS DONNER AUX SOLDATS?

D'APRÈS l'enquête décennale de 1892, on comptait en France 6.226.189 hectares de terre non cultivée ; ces terres se composent de landes, pâtis, bruyères, terrains rocheux, marécages, tourbières, indépendamment des terres boisées.

Si l'on ajoute à ce domaine les dunes qui, d'après M. Parisot, sont « transformables en d'excellentes terres[1] », on n'est pas loin des sept ou huit millions d'hectares que M. Camille Sabatier rangeait dans le domaine inculte « susceptible de devenir des propriétés privées de prolétaires travailleurs[2] ».

---

[1] F. Parisot dans *La Vie agricole et rurale*, année 1916, p. 827 : *la mise en valeur des dunes de Bretagne*.

[2] Camille Sabatier, *Le socialisme libéral ou Morcellisme*, p. 269. Paris, Giard et Brière, 1905.

On estime en Angleterre qu'il faut compter de huit à dix livres sterlings par acre pour fertiliser les terres incultes[1].

En admettant qu'on puisse faire cette transformation en France, non pas au même prix qu'en Angleterre, mais au double de ce prix, soit à raison de 1.250 francs par hectare, il semble que l'opération ne serait pas mauvaise.

N'y aurait-il pas là de quoi établir de nombreuses colonies?

En faisant des déductions pour les travaux publics et les biens communaux, il resterait toujours quatre ou cinq millions d'hectares qui pourraient être concédés (en lots de 20 hectares par exemple) à 200.000 personnes.

Je ne parle pas des biens communaux qui sont d'une superficie de plus de quatre millions d'hectares et qui restent à peu près incultes. M. E. Levasseur demande que dans les localités où il y a de grandes terres communales, on donne aux mutilés un hectare de friches, que par le moyen de corvées, la commune ferait labourer et fumer[2].

---

(1) A.-D. Hall, *British Agriculture, the nation's opportunity*, p. 188. Londres, John Murray, 1917.

(2) *Le Foyer de Grignon*, numéro de juin 1918.

Qu'il y ait possibilité de récupérer un domaine colonial dans les terres communales, c'est probable.

En tout cas il est facile de s'en rendre compte.

Mais il y a certainement mieux.

Il y a nos colonies.

Sur ce terrain-là, la question prêterait certes à d'intéressants développements. C'est un sujet sur lequel il existe une production littéraire abondante; et il n'entre pas dans le cadre de ce travail de faire le dénombrement des richesses de l'Afrique française, de l'Indo-Chine ou de nos autres possessions.

Je m'interdis de parler de notre politique coloniale; la critique de nos méthodes a déjà été faite.

Mais il n'y a pas d'inconvénient, je pense, à constater que les Colonies anglaises sont parvenues au rang d'États et d'États prospères et influents, grâce à des méthodes de colonisation qui ne tiennent ni de la magie ni de l'anticléricalisme.

Y a-t-il expositions plus instructives que les Galeries du Palais-Royal, les allées de nos jardins coloniaux, les foires coloniales?

Nos professeurs coloniaux et nos voyageurs

ont écrit des ouvrages, des mémoires et des monographies savantes qui font l'émerveillement des économistes, des industriels, des agriculteurs français et l'envie des étrangers si portés aux études coloniales.

Et pourtant, nos plus belles colonies restent à un état correspondant à celui des *possessions* de la couronne anglaise (qu'il ne faut pas confondre avec les *colonies*).

En quarante-cinq ans nous avons concédé en Algérie 10.000 lots de colonisation ; à peu près autant que ce que le gouvernement canadien distribue dans un mois en période normale.

Nos petits cultivateurs qui songent à se fixer dans les villes après la guerre ne peuvent-ils donc pas être instruits des choses coloniales et attirés vers nos admirables régions de colonisation ? Devons-nous nous résigner à les voir partir par centaines de mille vers les colonies étrangères ?

Certaines colonies anglaises ont offert des terres à tous les soldats alliés après la démobilisation. Nous qui avons un domaine incomparable, ne trouverons-nous pas à donner quelque 20 ou 40 hectares à nos propres soldats ?

Prenons garde ! Ne nous mettons pas dans le cas d'avoir à nous repentir de notre négligence !

N'importe-t-il pas de prendre les devants, d'organiser la propagande, d'encourager les Compagnies de colonisation, de donner aux administrateurs coloniaux et aux peuples de nos colonies la liberté d'initiative, la gestion naturelle de leurs intérêts collectifs et les avantages d'une indépendance relative avec les droits politiques qu'on vient de leur concéder[1].

C'est à ces conditions que nos rivaux ont prospéré. La décision, la vue exacte des choses et l'action en matière coloniale sont des fonctions pourtant rationnelles. Cela relève de l'intelligence ; les données de l'expérience sont sensibles et palpables ; elles nous aveuglent d'évidence. Les tiendrons-nous toujours pour nulles ?

Le plus petit industriel, que dis-je ? le plus inexpérimenté des politiciens sait la vertu de la réclame, de l'annonce et de la propagande. L'État industriel en a eu quelquefois une

---

[1] Loi votée le 7 novembre 1918 en faveur de l'Algérie.

notion fort pertinente quand il s'est agi de
porter au loin la renommée artistique, intel-
lectuelle et morale de la France. Mais en
général on ignore les principes élémentaires de
cette psychologie puérile et honnête. C'est
pourquoi avec des produits souvent inférieurs,
avec des colonies moins riches, nos concurrents
ont séduit nos gens et triomphé dans nos propres
murs.

Faisons donc connaître nos colonies. Et pour
les faire connaître, donnons-en les terres aux
Français.

Que chaque combattant reçoive dès maintenant, avant sa démobilisation, un titre en blanc
de propriété métropolitaine ou coloniale de
cinquante hectares.

Donnez à chaque officier, à chaque soldat et
à chaque veuve de militaire, un certificat attes-
tant le droit qu'a le titulaire de choisir un lot
gratuit dans les régions destinées à la colonisation en France ou aux colonies. Appelez ce
certificat un *Bon* ou un *Scrip* (mot en usage
dans les colonies anglaises); que ce titre soit
nominatif mais négociable entre Français, non
entre spéculateurs.

Que le titulaire, incapable ou inapte à l'agriculture ou à l'apprentissage de l'agriculture, puisse vendre son *Scrip* à un agriculteur.

Créez des fermes-écoles où les futurs colons apprendront en six mois ou un an les méthodes et la pratique de la culture ou de l'élevage.

Qu'une Banque Foncière ou une Caisse spéciale soit autorisée à faire sur hypothèques les avances d'argent nécessaires aux exploitations, garanties accessoirement par des polices d'assurances.

Tout cela, direz-vous, est facile à organiser sur le papier.

Je réponds que la pratique pour des hommes de volonté est encore plus facile.

Pour accélérer la colonisation, donnez des concessions de chemins de fer à des Compagnies qui deviendront des agents de colonisation de premier ordre.

Le capital hésitera-t-il? Déterminez-le à l'action par des libéralités adéquates. C'est par ce moyen que l'Amérique du Nord s'est peuplée. Aux Compagnies de chemins de fer qui ont bien voulu être les *pionnières* des territoires nouveaux, les gouvernements ont donné des terrains disséminés régulièrement sur la bande de territoire desservie par le réseau projeté.

Ces terrains furent mis en vente par les Compagnies qui, pour attirer de bons colons, n'ont pas hésité à créer elles-mêmes des fermes-écoles, des magasins d'approvisionnement et à susciter la formation de sociétés pour l'entreposage et l'achat des récoltes aux cours normaux.

Tels furent les débuts — pour n'en citer qu'un exemple — de la Compagnie du chemin de fer Canadien Pacifique, laquelle a joué dans l'histoire du Canada des dernières quarante années, un plus grand rôle que le gouvernement même du pays.

CHAPITRE V

AUTRES CHAMPS DE COLONISATION

L'ALSACE et la Lorraine seront incessamment arrachées au monde germanique. La France va rentrer en possession d'une terre sacrée. Qu'elle soit la terre de promission de nombreux soldats français!

On trouvera bien dans ces deux provinces quelques centaines de mille hectares de terres usurpées en 1871 par des intrus.

Aux Alsaciens et Lorrains qui furent dépouillés de leurs biens et qui méritent une considération égale à celle de nos soldats, donnez un *titre* de terrain à choisir dans le domaine public, tout en entourant votre donation de garanties qui assureront le bon établissement des terres ainsi concédées.

En 1896, s'était constituée à Paris, une *Ligue de la Petite Propriété* qui ne paraît pas avoir eu une grande fortune. Elle partait malheureusement de principes faux ou impolitiques.

De même qu'il y a des partisans d'une petite France, il y a des théoriciens du petit proprié-taire éternel.

Les fondateurs de cette Ligue ont commencé par anathématiser l'actionnarisme, c'est-à-dire l'association. Ils se posaient en champions du « morcellisme » pour rester conséquents avec leurs doctrines de socialisme individualiste acheminant les hommes vers l'anarchie[1].

Leurs « petits propriétaires » seraient aujourd'hui bien « petits » en face des condi-tions économiques nouvelles où seules la grande et la moyenne propriété ont chance de survivre.

Je leur emprunterai cependant une idée qui peut être féconde et qui en tout cas mérite examen.

Dans sa séance du 19 février 1898, la Ligue préconisait la création dans chaque Dépar-tement ou groupe de Départements de *Comités de Petits Patrimoines* chargés de constituer

---

(1) Voir Camille Sabatier, *Le socialisme libéral ou Morcel-lisme*, p. 239. Paris, Giard et Brière, 1905.

des dotations en terre aux enfants assistés.

On demandait de rendre ces Comités aptes à recevoir de l'État, des Départements, des Communes et des particuliers toutes donations en espèces ou en immeubles. En outre, la Loi devait concéder à ces Comités le droit de surenchère sur les immeubles ruraux vendus à vil prix.

Une organisation détaillée permettait à ces Bureaux d'être exactement renseignés sur toutes les ventes judiciaires d'immeubles ruraux, sur la juste valeur des biens vendus et sur les conditions de succès que pourraient y trouver les concessionnaires qu'on y installerait.

La revente aux enfants assistés des domaines surenchéris devait être faite au prix coûtant remboursable en dix annuités.

De plus, la naissance d'un enfant donnait droit pour le père à la remise d'une annuité[1].

De pareils Comités pourraient, en effet, constituer des patrimoines non seulement pour les enfants assistés, mais aussi pour les pupilles

---

(1) *Id.*, p. 270.

de la nation et même pour certains de nos
soldats mutilés.

Mais il ne faudrait pas se borner à créer des
domaines exigus, propres, tout au plus, à la
culture maraîchère.

Il faut voir plus grand. Ces Comités Dépar-
tementaux doivent être des *Comités de Grands
Patrimoines*.

Je n'insiste pas davantage sur cette idée.

Pour en revenir aux terres gratuites demandées pour les soldats, objecterait-on que les
concessions militaires ne pourront pas, dans la
plupart des cas, être contiguës aux propriétés
anciennes? — Je réponds que le concessionnaire n'en sera pas appauvri pour cela.

D'abord si on a regroupé, en les désencla-
vant, les terres d'un cultivateur, concessionnaire par ailleurs d'un lot gratuit, cet homme
gardera le meilleur *bien* pour son usage personnel et vendra ou affermera l'autre.

Il aura encore la ressource d'entrer en association avec des voisins si, comme il est à
souhaiter, on propage chez nous le système de
l'association agricole par actions ou en commandite.

Enfin, que les concessionnaires de ces terres

métropolitaines ou coloniales qui ont été dépouillés de leurs instruments d'agriculture, de leurs bestiaux et de leurs mobiliers reçoivent des Allemands même, avec le guerdon de la guerre, les trophées de la paix.

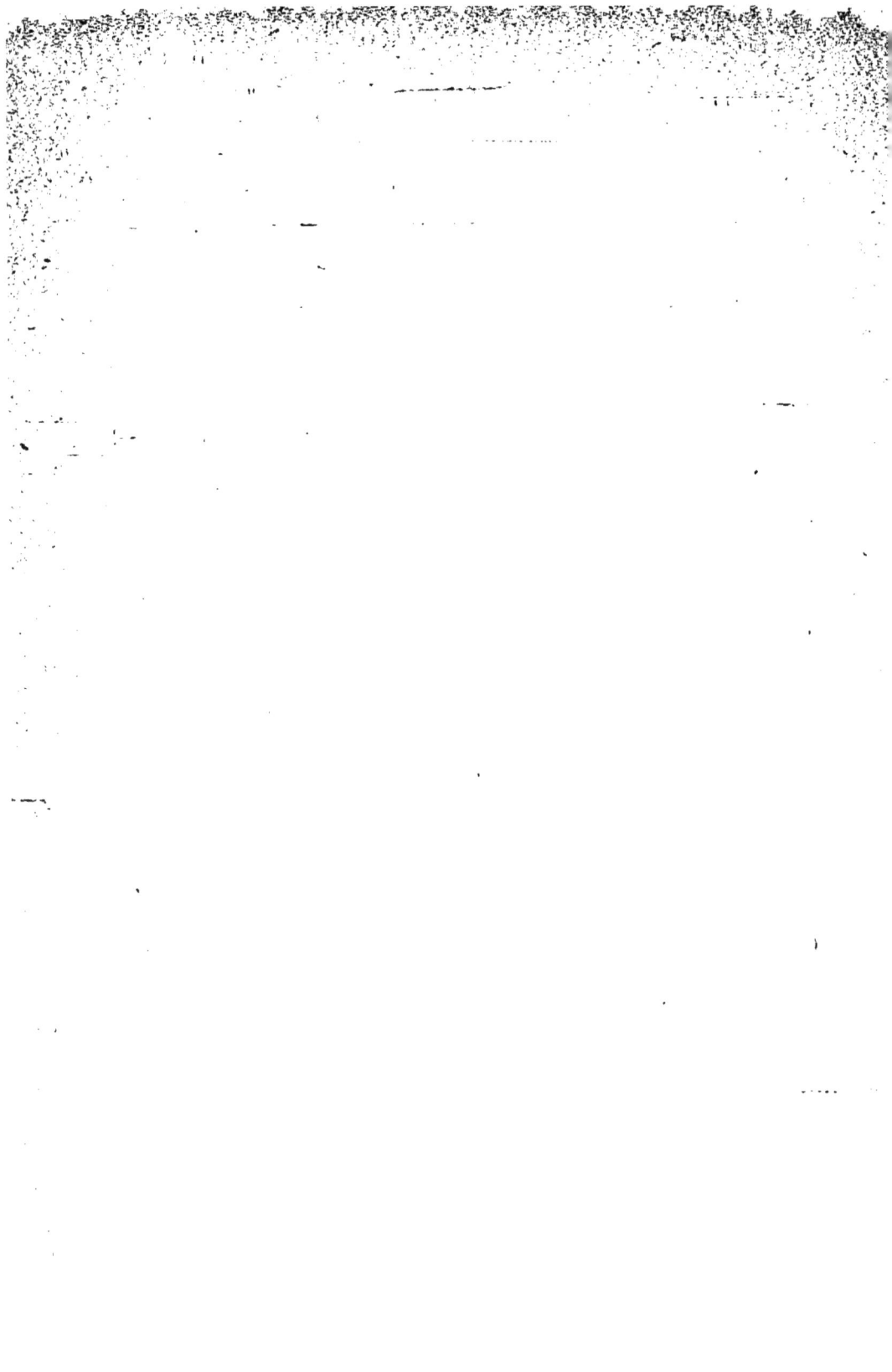

CHAPITRE VI

L'ASSOCIATION AGRICOLE

Au nombre des maux dont souffre l'agriculture française, M. Léopold Malapeyre, dans son étude sur les associations agricoles en commandite[1], signalait, il y a quatre-vingt-deux ans, l'esprit étroit et rétrograde de l'individualisme.

Le cultivateur, seul avec ses terres dispersées et ses instruments agricoles nécessairement impropres au travail perfectionné, ne peut plus produire utilement.

Il faut l'orienter vers l'association.

Le regroupement des parcelles sera le premier pas vers la renaissance de l'agriculture. L'association des hommes et des champs redonnera la vie à la campagne et l'aisance aux travailleurs. Le *scrip* ou la concession gratuite

---

[1] *La Maison rustique*, déjà cité, t. IV, p. 318. Paris, 1836.

agrandira encore les patrimoines ainsi remaniés ou en tout cas l'*avoir de chacun* et accroîtra la puissance productrice de la nation.

L'association n'est pas comme le syndicalisme, une arme de lutte, mais un moyen de production et d'enrichissement. Le syndicalisme procède de sentiments différents. Il a son utilité mais il a ses défauts. Créé pour accroître le prix du travail, il se désintéresse du perfectionnement, des progrès, de l'ambition par le travail. Tandis que le syndicalisme recherche le haut salaire, l'association vise à la production. Les Allemands souhaitaient l'extension du syndicalisme chez les autres parce que, pratiquant l'association chez eux, ils triomphaient dans la concurrence. Le manuel technique *Gemeinfassliche Darstellung des Eisenhüttenwesens* de 1912 l'avoue : « L'industrie métallurgique anglaise décroît et l'allemande la dépasse, grâce aux *Trades Unions* qui, avec leurs idées socialistes, sont opposées au progrès. »

Observez ce qui se passe dans l'agriculture australienne par exemple, dans l'élevage canadien ou dans les industries laitières américaines, et vous reconnaîtrez que vraiment le

paysan français n'a pas été initié aux meil-
leures méthodes dans aucune des industries
rurales.

Quand le beurre ou le fromage se vend
4 et 5 francs, l'agriculteur américain ou canadien reçoit 3 et 4 francs, qu'il touche sous
forme de dividende ou de répartition mensuelle
ou trimestrielle.

A quoi cela tient-il ? A l'association industrielle qui permet aux agriculteurs de faire
leurs beurres et fromages en commun. Les
résultats sont : meilleur rendement, ventes
plus avantageuses, meilleure production,
grande économie de temps.

Le progrès consiste à rapprocher de plus en
plus le producteur du consommateur et à éco-
nomiser le temps. Le progrès : c'est que tout
agriculteur soit en rapports directs avec la
Bourse du commerce des grains, qu'il opère
lui-même à cette Bourse par le télégraphe,
même s'il n'a que cent quintaux de blé à vendre.
Le progrès : c'est que le paysan puisse spé-
culer à la Bourse des beurres et fromages
quand l'association laitière dont il est membre
a 50 kilogrammes de marchandises à vendre.
Le progrès serait que chaque cultivateur eût

le téléphone chez lui moyennant dix ou quinze francs par an.

Le progrès serait que les formalités nécessaires aux mutations de propriétés pussent s'accomplir dans le délai de huit jours et que les droits de mutation (enregistrement, etc.) fussent réduits à moins de 1 % au lieu d'être à 12 ou 15 %. Le progrès serait encore qu'un cultivateur pût emprunter à trente, soixante ou quatre-vingt-dix jours sur sa seule signature — toutes choses qui sont courantes dans les pays avancés.

Ce sont là des vœux malheureusement irréalisables en l'état actuel des choses. Leur réalisation exigerait le renversement de tout un monde.

Pourtant on trouve dans le dédale des lois, des décisions prises, des mesures adoptées qui sont comme des gestes, des cris partis d'une inspiration heureuse. Ce sont bien souvent des ébauches sublimes en théorie, qui se révèlent désastreuses dans la pratique. On dirait que tout effort vers le vrai et le grand s'accomplit dans la nuit, à tâtons, ou sur une mer sans boussole. Des constructions magnifiques sont édifiées en règlements d'administration publique — on dirait de la métaphysique tant cela est séduisant et simple — qui dans le domaine objectif n'apparaissent jamais.

Nous avons des chefs-d'œuvre de législation sur les coopératives agricoles, le crédit mutuel, le bien de famille insaisissable, la constitution de *petits* patrimoines aux mutilés, etc.

Malheureusement, en voulant faire *démocratiquement,* on a visé à faire petit [1].

Tel était le cas des lois de 1865 et 1888 dont l'effet est resté pratiquement nul pendant un demi-siècle.

Si encore on avait aboli les fameux articles du Code civil déjà mentionnés, qui instituent le partage forcé des héritages. Ne fallait-il pas commencer par là ?

Même aujourd'hui, pour que la loi Chauveau donne son plein effet, ne conviendrait-il pas d'abolir cette législation trop démocratique et éminemment rétrograde ?

---

[1] Relevons en passant un trait de la dernière loi du 9 avril 1918 pour favoriser la constitution de petites propriétés pour les pensionnés militaires et victimes civiles de la guerre. L'article 2 de cette loi décrète que les emprunteurs devront contracter une assurance en cas de décès pour garantir les paiements des annuités. On a donc oublié qu'en général, les pensionnés militaires ne sont pas assurables ?

Il y a longtemps que les pays qui avaient adopté ces articles les ont abolis. Presque tous les États de l'Allemagne avaient cru devoir établir ce régime des successions à l'imitation de notre Code. Mais tous l'ont successivement aboli.

L'Autriche l'avait adopté en 1868. Vingt-six ans plus tard, elle l'abolit par sa « loi sur les biens ruraux de moyenne étendue ».

Dans tous ces États on a réagi d'une façon si radicale, qu'après avoir aboli le partage forcé des héritages, on a adopté la loi de l'indivisibilité du bien de famille ou du *Hof*[1].

---

[1] Loi du 2 juin 1874 ; Westphalie, 1882. Les États de Hesse-Cassel, Brandebourg, Silésie, Schleswig-Holstein ont successivement adopté les mêmes mesures. On lira avec profit l'article de M. Hubert-Valleroux consacré à la question des *successions* dans le *Nouveau Dictionnaire d'Économie politique* publié sous la direction de Léon Say et Joseph Chailley, Paris.

CONCLUSION

COUREZ après l'agriculteur ; retenez-le ; atta-chez-le à la terre par un lien solide, sinon l'agriculture périclitera de plus en plus.

Le gouvernement canadien avait donné aux pionniers des trois provinces occidentales, dernières venues dans la Confédération, entre 1870 et 1900, une terre de 160 acres et, en outre, un *scrip* ou titre en blanc donnant droit de choisir un lot dit de « préemption » de 240 acres ; en outre, chaque enfant (garçon ou fille) de pionnier ou premier habitant reçut un pareil *bon* ou *scrip* donnant droit à 240 acres de terre.

A la date à laquelle ces libéralités furent faites, le terrain n'avait pas une grande valeur marchande ; mais dès qu'il fut connu qu'un chemin de fer allait être construit à travers ces trois provinces[1], une hausse, et même une spéculation regrettable à certains égards, se produisirent qui marquèrent le début d'une ère de prospérité inespérée.

Inspirons-nous de l'expérience heureuse des autres.

Je tiens à rendre hommage à celui qui, le premier, a rappelé à nos esprits accablés « la nécessité du bienfait matériel qui doit être aussi sensible au cœur et à la chair que les effroyables épreuves que nous a valu l'infortune d'être des Français de 1914 ».

En réclamant la part du combattant, M. Charles Maurras[2] a non seulement plaidé pour les soldats, mais il a surtout contribué à insuffler à la nation le courage et l'ardeur nécessaires à la restauration de la France.

On avait dit : montrez au soldat français d'autres soldats déjà pourvus, déjà chargés de

---

(1) Manitoba, Saskatchewan et Alberta.
(2) Dans *l'Action Française* du 28 octobre 1916 au 15 avril 1917.)

bénéfice matériel, établissant que leur courage sublime n'a pas été le scandale de la raison, et vous aurez gain de cause.

C'est chose faite.

TABLE DES MATIÈRES

DEUXIÈME PARTIE

Imp. J. Mersch, 17, villa d'Alésia. - Paris-14e. — 23.857.

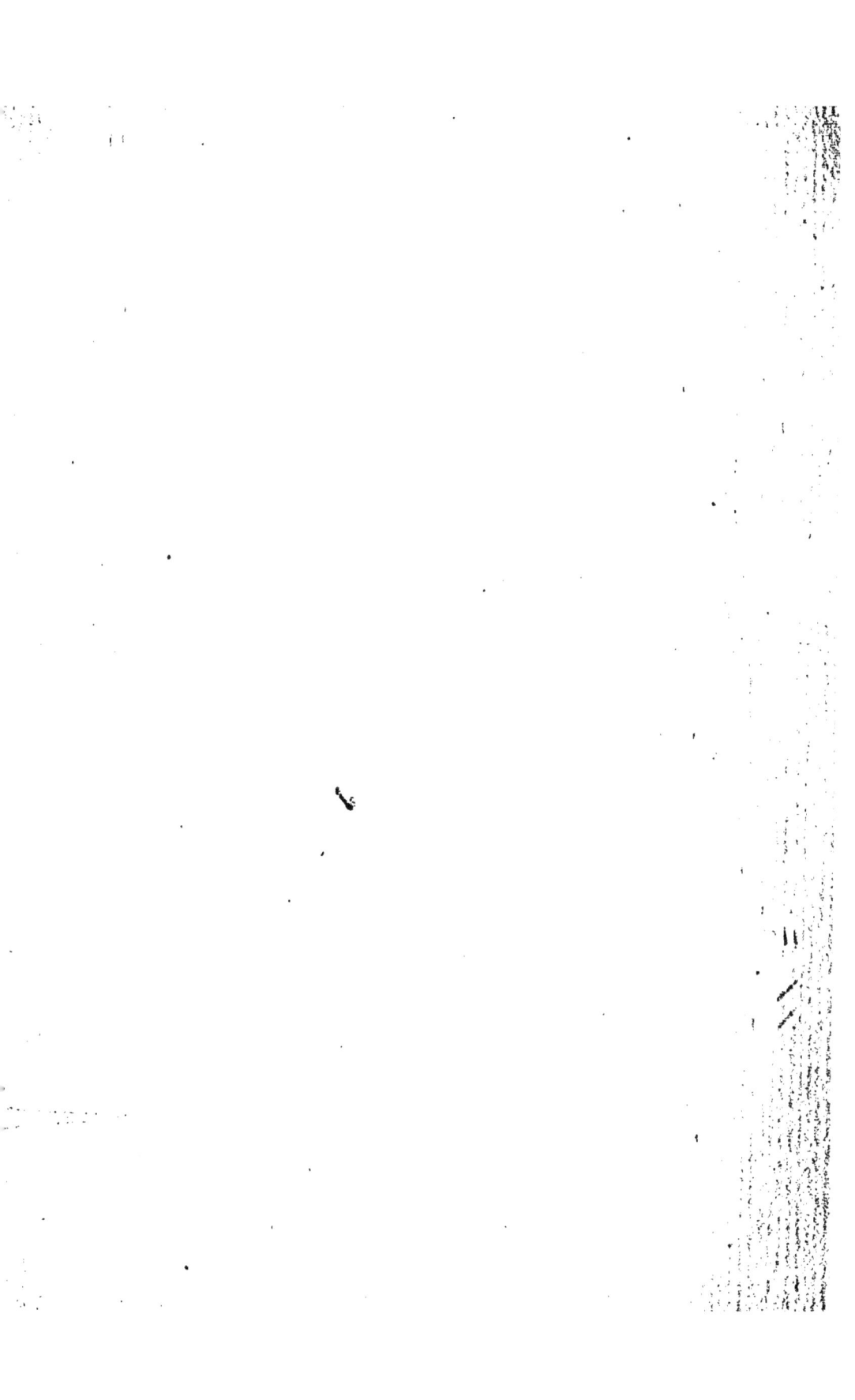

ÉDITIONS BOSSARD, 43, rue Madame, PARIS-VIe

Collection in-16 Bossard. *Série Rouge.*

Les ouvrages des « Éditions Bossard » ne subissent aucune majoration de prix.

www.ingramcontent.com/pod-product-compliance
Lightning Source LLC
Chambersburg PA
CBHW070405090426
42733CB00009B/1536